日本酒日和

和の酒で
ほんのり
桜色

まさに百花繚乱、
古くて新しい和酒の
汲めども尽きぬ魅力

日本文化の伝統と革新を担う日本酒

トラディショナルとモダンが高次元で融合、日本酒新時代の波

「なぜ日本酒なのですか?
いつから好きになったのですか?」
これまで、幾度となく頂いた質問です。
日本酒は、知れば知るほど奥深い世界。
単なるアルコール飲料ではなく、
日本文化としての魅力を感じる側面があります。

現在47都道府県に酒蔵があり、
中には何百年とその土地に根付き、歴史を紡ぐ蔵元も。
古代では巫女がお酒を醸していたとも言われていますが、
古くから各地の祭りでは神社に地酒が奉納されてきました。
そして郷土料理に合うようなお酒が各地で造られ、
それぞれの土地の文化や伝統を培ってきたのです。

千年以上の長い歴史を感じさせる日本酒ですが、
ここ数年、古くからの技術を受け継ぎながら、
新しい発想による日本酒が続々と登場しています。
造り手の高い意識、チャレンジ精神から
個性あふれる味を楽しむことができる時代なのです。

その魅力を伝えていきたいという想いから、
雑誌やテレビなどのメディアで発信するとともに
日本酒イベントや酒蔵ツアーを多数主催してきました。
うれしいことに女性の参加者が非常に多く、
料理とお酒のマリアージュを楽しんだり、
日本酒を通じて四季を感じたり、
蔵元の熱い想いに触れたりすることで、
より日本酒に魅入られた女性が増えています。

美酒あるところ、そこに笑顔あり、良縁あり。
日々酒縁の輪が広がり、豊かな時間を共有できる、
そんな日本酒が惹きつける魅力に
本書を通じて触れていただければ幸いです。

2014年12月　あおい有紀

目次

第1章

あおい有紀のおすすめ日本酒

十四代
中取り
純米吟醸
日本酒
而今
純米吟醸
じこん
日本酒
天吹
純米吟醸
雄町
清酒
酵母 いちご酵母
原料米 雄町100%使用
精米歩合 55%
アルコール分 16度
原材料名 米(国産)、米麹(国産米)
内容量 720ml
天吹酒造合資会社

Fruity

Fruity

果実味：フルーティー

フルーツの香り高い　フレッシュな味わい

まるで果実のような華やかさと弾けるような旨さが口中を刺激する。食事のはじまり、最初の一杯にぴったりなフルーティーな吟醸タイプ。

「お米からできているのになぜフルーツのような味が?」。かつて日本酒と言えば、鼻をつくアルコール臭さや、ひねた臭いにより、とくに女性では毛嫌いする人も多かった。

しかし現在の日本酒は、メロン、バナナ、りんご、洋梨など華やかな香りをするものが多く、口に含んでも、お米からだけできているとは思えないフルーティーな味わいを持っている。

こうした華やかな香りとフルーティーな味わいは、お米を磨いて中心部だけを使用した吟醸酒系の特徴。お米の外の部分を削ることでお米特有の雑味を消し、いわゆる吟醸香を造り出しているわけだ。

出羽桜酒造は、1980年に『出羽桜　中吟』（現在の『桜花吟醸酒』）を発売、当時としては画期的な華やかな香りで評判となり、吟醸酒ブームの立役者となった。以降、海外進出も積極的に行っている。

とくに甘味も感じる芳醇な吟醸酒を醸し、日本酒の傾向を大きく変えたのが『十四代』。果実のような華やかさと弾けるような旨さにより、それまでの主流だった「淡麗辛口」から「芳醇旨口」への転換点となった。

『十四代』が登場したのは平成6年（1994年）で、この酒を醸したのは十五代蔵元になったばかりの高木酒造の高木顕統さん。それと同じ頃、『鳳凰美田』の小林酒造を継いだ小林正樹さんは、「すべて吟醸造り」というハードルの高い道を選んだ。マスカットにも似た香りの『鳳凰美田』もまた、多くの人にインパクトを与えた。

このようなフルーティーな吟醸酒系は、食事のはじまり、最初の一杯にぴったり。華やかな香りと味わいが、これからの食事とお酒への期待を高めてくれることだろう。

出羽桜

「純米大吟醸 一路」720ミリリットル
2008年にロンドンで開催されたワイン品評会、
IWCのSAKE部門で最優秀賞を獲得。
出羽桜の純米仕込を表す「一」を初めて使った酒。
出羽桜酒造（山形県）

くどき上手

「純米大吟醸 播州・山田錦」720ミリリットル
日本一の酒米とも言われる兵庫県播州産の
山田錦を40％まで磨き上げた、
王道を極める味と香りの純米大吟醸。
亀の井酒造（山形県）

鳳凰美田

「PHOENIX 純米大吟醸原酒」750ミリリットル
「ゴールドフェニックス」と言われる最高峰の一本。
新酒の雫を一本一本、丁寧に瓶詰め。
開栓後は華やかな香りが立ちのぼる。
小林酒造（栃木県）

十四代

「純米吟醸 中取り 播州愛山」1.8リットル
兵庫県特A地区産の愛山を100％使用。
桃のような穏やかな果実の香り、
上品な甘味の十四代らしい純米吟醸。
高木酒造（山形県）

天吹

「純米吟醸 雄町 いちご酵母 生」720ミリリットル
天然の花から分離した「花酵母」の一種、
いちご酵母を使用した香り高い生酒。
フルーティーな甘酸っぱさで女性に大人気。
天吹酒造（佐賀県）

而今

「純米吟醸 雄町火入れ」720ミリリットル
岡山県産雄町を50％まで磨いた純米吟醸。
口に含むと雄町らしい甘味が広がり、
キレよく昇華していく而今ならではの味わい。
木屋正酒造（三重県）

和傘：浅草仲見世 西島商店提供

Sparkling

瓶内熟成
スパークリング
要冷蔵
〈-5℃~+2℃〉
発泡にごり酒
八海山
Sparkling
清酒
アルコール分 15度
原材料名 米(国産)・米こうじ(国産米)
精米歩合 50%
発泡にごり酒
スパークリング50
獺祭
DASSAI 50

日本の酒文化
山田錦
兵庫県特A地区産 契約栽培米
精米歩合20％(100％使用)
合資会社 加藤吉平商店
梵
BORN
PREMIUM
MIZUBASHO
瓶内二次発酵

Sparkling

発泡：スパークリング

華やかに シャンパングラスで乾杯

パーティーなど華やいだ雰囲気にふさわしいさわやかなスパークリング日本酒。シャンパン同様に澄んだタイプと白濁したにごり酒の2タイプを楽しむ。

おしゃれして集まったパーティー、まずはシャンパンで乾杯。シュワシュワと泡立ちのよいシャンパンは、華やかさを演出するのに恰好の素材。そんな発泡系のタイプが、日本酒でも続々と誕生している。

シャンパンなどのスパークリングワインは、瓶内で二次発酵するシャンパン方式と、炭酸ガスを注入する方式などの製法がある。発泡日本酒にもその両方の製法による製品がある。

アルコール発酵が止まっていない醪を、火入れせずに酵母が生きた状態で瓶詰めする瓶内二次発酵方式の場合、瓶内で発酵を続けているので「活性酒」とも言われる。中でも荒く漉したものは白く濁っているので、「活性にごり酒」とも呼ばれている。

「清酒」と呼ばれる条件のひとつに、醪を漉して酒粕としぼった酒に分けることが挙げられるが、それをしない「どぶろく」は清酒に分類されない。荒く漉すにごり酒も清酒と認められたのは、昭和40年代のことだそう。

瓶内でも発酵している活性酒は、開栓すると勢いよく吹き出してしまうこともある。温度が高い状態だととくにそうなりやすいので、低めの温度で冷蔵しておくこと。4合瓶に比べて一升瓶のほうがガスの圧力が強いのでより注意が必要。

栓を開けては閉めを繰り返して少しずつガスを抜いていくが、栓に画鋲を刺して抜き、指で押さえて少しずつガスを抜くとより簡単だ。

荒く漉して白濁した「獺祭 発泡にごり酒」(右)と、澄んだ色みの「五橋 ねね」

獺祭
「発泡にごり酒50」720ミリリットル
瓶内二次発酵が生み出すさわやかな発泡性と、
山田錦の米の甘みがマッチしたにごり酒。
純米大吟醸が見せる鮮やかな味の切れが見事。
旭酒造（山口県）

八海山
「発泡にごり酒」720ミリリットル
日本酒度マイナス22と甘口ながら、
さわやかな酸味と華やかな香りで
きれいですっきりとした後味が楽しめる。
八海醸造（新潟県）

五橋
「発泡純米酒 ねね」300ミリリットル
アルコール分5.5％と飲みやすい発泡清酒。
ほのかな甘み、爽やかな酸味が調和する
軽やかで涼味あふれる味覚。
酒井酒造（山口県）

水芭蕉
「PURE」720ミリリットル
尾瀬のやわらかな天然水と山田錦を使い、
瓶内二次発酵方式によりシャンパンのような
華やかできめ細かな泡を持つスパークリング。
永井酒造（群馬県）

陸奥八仙
「PROTOTYPE 2014」500ミリリットル
試験醸造酒として誕生した微発泡酒。
白麹による心地よい酸味と甘みが調和。
アルコール分が低く、シュワシュワ感が楽しめる。
八戸酒造（青森県）

梵
「プレミアムスパークリング 純米大吟醸」750ミリリットル
兵庫県特A地区産山田錦を20％まで磨き、
瓶内二次発酵により心地よいガス感を生み出した
プレミアムと呼ぶにふさわしい活性にごり酒。
加藤吉平商店（福井県）

&bouquet

日本酒 東洋美人
原材料/米(国産)・米麹(国産米)
原料米/出羽燦々100%使用
アルコール分/16度 容量/1800㎖
株式会社澄川酒造場 山口県萩市大字中小川611
お酒は20歳になってから。お酒はおいしく適量を。
原点
2013.7.28
出羽燦々
製造年月
2013
Nechi
made in "Nechi-valley"
五百万石

Aroma

Aroma & bouquet

香り：アロマ&ブーケ

ワイングラスで香りの変化を楽しむ

グラスを揺らすと立ち上る芳香。顔を近づけて存分にその香りを楽しむ。ワイングラスのボディーこそ香り高い日本酒にふさわしい。

ワイングラスは、口がすぼまって香りが内側にこもるような形になっている。それでグラスに鼻を近づければ、ワインの香りを十分に楽しむことができるわけだ。

香り高い日本酒の場合、お猪口や盃などで飲むよりもワイングラスを使ったほうが、その香りを十分に楽しむことができる。ワインの香りを表す言葉には、フルーツやタバコ、野菜など多様な表現が使われる。日本酒でもリンゴや洋梨などのフルーツや、花の香りがするものが多くあるので、そうした香りをうまく表現するためにも、ワイングラスで飲んでみるといいだろう。酒器によって大きく香りも味も違うものだ。

12ページで吟醸香について触れたが、日本酒での香りは酵母による影響も大きい。酵母は糖分をアルコールに分解する働きを持つ微生物だが、さまざまな酒類の酵母が酒造りに使われている（45ページ参照）。花から抽出した花酵母などもあり、香り豊かな日本酒を生み出すのに一役買っている。

ワイングラスを使うメリットとしては、ほかに日本酒の色などを見やすい、口中でお酒が広がりやすいなど、いろいろある。時間の変化による香りの違いも楽しめる。

日本酒をワイングラスで楽しむ試みとして、『ワイングラスでおいしい日本酒アワード』というイベントもある。メイン部門最高金賞酒はANA国際線ファーストクラス・ラウンジで採用されるので、機上でも日本酒が楽しめる。

根知男山▶

「Nechi 根知谷産五百万石 壱等米」720ミリリットル
ほとんどの米を自社栽培して、
ドメーヌ化を目指す渡辺酒造店による
五百万石を55%まで磨いた純米吟醸酒。
渡辺酒造店（新潟県）

東洋美人▶

「原点 出羽燦々」720ミリリットル
蔵にもおよんだ2013年の豪雨による被害。
その復旧に尽力してくれた感謝の気持ちを
込めて醸され、名付けられた原点回帰の酒。
澄川酒造場（山口県）

貴▶

「純米吟醸 備前雄町50」720ミリリットル
雄町のフルーツの甘みと米の旨味が調和。
香りも味も優しく穏やかな純米吟醸。
微妙な香りの変化を楽しみたい。
永山本家酒造場（山口県）

醸し人九平次▶

「純米大吟醸 human」720ミリリットル
「性別や国境などすべての境界を超える」

という志によって名付けられた純米大吟醸。

はっきりとした輪郭と、さわやかさが共存。

萬乗醸造（愛知県）

Dessert

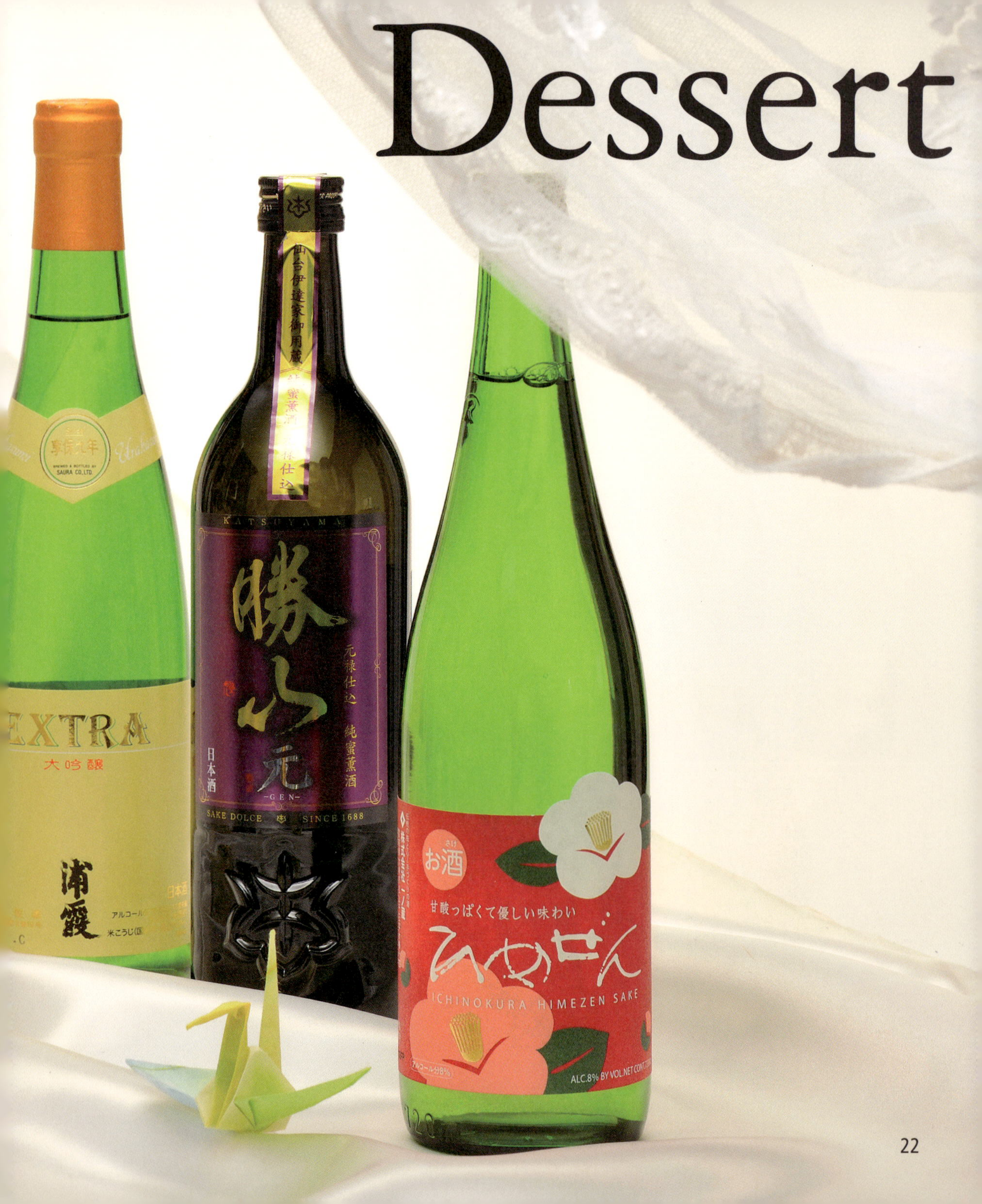
EXTRA
大吟醸
浦霞
KATSUYAMA
仙台伊達家御用蔵
勝山
元
-GEN-
元禄仕込
純蜜薫酒
日本酒
SAKE DOLCE
SINCE 1688
お酒《さけ》
甘酸っぱくて優しい味わい
ひめぜん
ICHINOKURA HIMEZEN SAKE
アルコール分8%

INTERNATIONAL
TROPHY
Wine
WINNER
CHALLENGE
華鳩
貴醸酒
水のかわりに
純米酒で仕込んだ酒
HANAHATO
TAMASAKAE
笑四季モンスーン
玉栄
©Yukari Okada
MONSOON
by EMISHIKI technologies, SHIGA, JPN
貴醸酒
満寿泉

Dessert

極甘口：デザート

別世界へと誘う甘美な魅惑

「最高のおもてなし」とされる貴腐ワインの日本酒バージョンを。舌に乗せたとたんに魅了される極甘口日本酒の魔力。

食後に提供されるデザートワインは、甘口の白ワインがメイン。かつて辛口がもてはやされた日本酒でも、最近は極甘口のデザート日本酒が続々と登場してきている。

その代表的な例が「貴醸酒」。有名なデザートワインに、糖度が高まって貴腐化した貴腐ワインがある。客人に対して貴腐ワインを出すことは「最高のもてなし」とも言われる。

そのような酒を日本酒でできないかと考えたのが、国税庁醸造試験所（現・酒類総合研究所）の佐藤信博士。佐藤博士を中心に昭和48年（1973年）に開発され、全国で最初に広島の榎酒造が商品化した。

日本酒の仕込みは通常は水で行われ、3段階に分ける三段仕込みが一般的（59ページ参照）。その3回目の仕込みの際に、水ではなく酒を用いて造るのが貴醸酒の特徴。それによって糖分が増し、日本酒度（42ページ参照）はマイナス30〜マイナス70という超甘口になる。

榎酒造では当初、残った貴醸酒を数年間保存しておいたところ、熟成されてまろやかな味わいになったことから、20年という長期熟成大古酒も販売している。貴醸酒の中にも、しぼりたての新酒やにごり酒などさまざまなバリエーションがあるので、いろいろ飲み比べてみるのもいい。

貴醸酒とはまた違う製法で、「貴腐ワインのような液体の宝石」を目指したのが『勝山 元』シリーズ。元禄時代のレシピをベースに、極端に仕込み水を減らした濃厚な純米酒造りを行った。

こうした極甘口のお酒の楽しみ方は、普通に飲むだけではない。バニラアイスやフルーツにたっぷりかけてみよう。アイスやフルーツの甘味がさらに引き立ち、やみつきになること間違いなし！

一ノ蔵

「ひめぜん」720ミリリットル
日本酒度マイナス70～マイナス60、
アルコール分8度と極甘口の低アルコール日本酒。
酸味と甘みが溶け合ってしとやかな酔いを誘う
一ノ蔵（宮城県）

勝山

「純米大吟醸 元」720ミリリットル
仙台藩伊達家御用達の酒蔵が、
シャトーディケム（貴腐葡萄ワイン）のような
気品のある甘口の酒を目指して醸した。
勝山企業（宮城県）

浦霞

「エクストラ大吟醸」720ミリリットル
コルク栓瓶に詰め、低温貯蔵でじっくりと熟成。
メロンやりんごのような芳醇な吟醸香と
低温熟成による柔らかな味わいが特徴。
佐浦（宮城県）

満寿泉

「貴醸酒」500ミリリットル
古代米を使用し、水の代わりに酒で仕込んだ貴醸酒。
甘みを伴うさわやかな香りとともに、
ハチミツのような甘みとふくらみある味わい。
桝田酒造店（富山県）

笑四季

「貴醸酒 モンスーン」720ミリリットル
「熟成ではなくフレッシュな貴醸酒を」と
若き蔵元が果敢に挑戦した極甘口の生原酒。
米の旨味と濃厚な甘味を酸が崩して消えていく。
笑四季酒造（滋賀県）

華鳩

「貴醸酒8年貯蔵」720ミリリットル
70年代に全国で初めて貴醸酒を商品化、
世界最大のワイン品評会IWCで何度も
金賞やトロフィーを受賞している榎酒造の顔。
榎酒造（広島県）

Vintage

長期熟成（十年以上）
熟成古酒
飛騨の華
酔翁
すいおう
熟成純米酒
麗人
酒古里 12年
REIJIN SHABURI
麗人酒造株式会社
清酒
afs
OLD RESERVED
BLENDED & BOTTELED BY
KIDOIZUMI SHUZO CO.,LTD.

熟成古酒：ヴィンテージ

Vintage

熟成を重ねたすえの複雑な余韻

琥珀色に輝く液体から立ち上る、馥郁《ふくいく》としたまろやかな香り。熟成された年月の重みが醸し出す、心豊かな至福の時間。

日本酒の世界の年度（酒造年度）は7月1日から翌年の6月30日までとなっている。酒造年度を意味するブリュワリー・イヤーズを略して、「BY」とも表記される。

その期間中に製造されて出荷されたものが「新酒」で、それ以降熟成させたものは古酒となる。この熟成期間が3年、4年と長くなると「熟成酒」、「熟成古酒」などと呼ばれる。24ページで20年熟成の貴醸酒について触れたが、10年、20年という長期熟成酒も珍しくなくなってきた。

新酒は荒々しい若さが特徴だが、お酒を寝かせれば寝かせるほど角がとれて丸くなり、円熟した風味になる。それが熟成古酒の魅力だが、常温で寝かせるのと、冷蔵して寝かせるのではかなり特徴も変わってくる。

常温で寝かせた場合、色はウィスキーやブランデーなどのように琥珀色になり、香り、味わいも強く熟成感を感じさせる。

それに対して冷蔵で熟成させると、色みはあまり変わらずに新酒のフレッシュさを保ったまま、円熟味を帯びた味わいになる。

こうした保存法などの違いにより、熟成古酒も濃熟タイプと淡熟タイプ、そしてその中間的なタイプと、大きく3種類に分けることができる。

常温熟成の濃熟タイプはビターチョコレートやブルーチーズなど、濃厚な旨味と甘味のあるものとの相性がよく、低温熟成の淡熟タイプは甘味が少なく旨味成分の多い食べ物に適している。

貯蔵法による色の違い。琥珀色に変化した「afs」（右）と、黄金色程度の「酒古里」（左）

達磨正宗

山吹

木戸泉

麗人

酔翁

「十年古酒」720ミリリットル
「古酒の父」とも言える六代目蔵元、
白木善次氏が生み出した王道の熟成古酒。
ふくよかな香りでボリューム感十分。
白木恒助商店（岐阜県）

「熟成古酒　山吹ゴールド」720ミリリットル
10年をベースに最長20年物の熟成古酒をブレンド。
熟成によって磨かれた琥珀色が美しく輝き、
樽で熟成させたような香りと甘さを醸し出す。
金紋秋田酒造（秋田県）

「afs（アフス）　オールドリザーブ」360ミリリットル
この酒に関わった3人の頭文字からネーミング。
海外のワインやウィスキーに負けない酒を、
と生み出された山廃仕込みの熟成酒。
木戸泉酒造（千葉県）

「酒古里（シャブリ）12年」360ミリリットル
シェリー酵母を使用した芳醇な酸味により
「シャブリみたい」との評価が名前の由来。
辛口の上質な白ワインのような風味。
麗人酒造（長野県）

「飛騨の華　熟成古酒（10年以上）」300ミリリットル
IWC 2014 SAKE部門・古酒の部でトロフィーを受賞。
琥珀色に輝くやや甘口の原酒で、
高タンパク、高脂肪の肉料理等にピッタリ。
平田酒造場（岐阜県）

Juicy

純米吟醸
寫樂
SAKAEMASU
榮万寿
純米吟醸
日本酒
750ml
山田錦
紀土

純米大吟醸しぼり華
無濾過無加水
秋津穂
純米大吟醸
2013
新政酒造株式会社謹醸
仙禽
亀ノ尾
せんきん

Juicy
酸味：ジューシー

肉料理にも合う豊かな酸の広がり

日本酒のうま味ともマッチして、心地よく舌を刺激する酸の味わい。豊かできれいな酸がもたらす新しい日本酒の世界。

味覚には、甘味、酸味、塩味、苦味、うま味の5種類があるが、「日本酒の五味」と言われるのが、甘、酸、辛、苦、渋。この中で最近もっとも注目されているのが「酸味」だろう。

日本酒では酸度（42ページ）が表記されることでもわかるように、多くの酸が含まれている。ワインも酸は重要な要素だが、ワインに多く含まれる酸は、酒石酸、リンゴ酸、乳酸。それに対して日本酒に多く含まれるのは、アミノ酸、コハク酸、乳酸など。

アミノ酸は酸味よりもうま味を感じる成分で、コハク酸も貝に含まれるうま味成分。この豊富なうま味が日本酒の味の特徴にもなっている。

そのためワインのほうが酸味は強いのだが、最近ではワインなみに酸っぱさを感じる日本酒も増えている。リンゴ酸を多く生成する酵母を使う、焼酎に用いられる白麹を用いるなど、さまざまな工夫により酸度を高めているのだ。

加水をしない原酒の場合、それだけ酸度も高くなる。右の3本はいずれも原酒で、左端の『風の森』は火入れも濾過もしていない無濾過生原酒。発酵によってもたらされる炭酸ガスのぴりっとした味わいがある生原酒は、酸味とマッチしてよりジューシーな印象になるようだ。

真ん中の『クリムゾンラベル』は、昔ながらの製法にこだわりながらも実験的な酒造りを行い、今もっとも注目されている新政酒造の純米原酒。原酒ながらアルコール度数15度と低めに抑え、女性にも飲みやすくしている。

右端は、「甘酸っぱい」という日本酒の常識を破る酸味と甘味を打ち出している栃木の『仙禽』。ハチミツのような味わいで、始めて飲んだ人は一様に驚きの声を上げる。

こうした酸の強さを感じさせるジューシーな日本酒は、肉料理、トマトソースなど、西洋の料理によくマッチする。まさに新世代の日本酒と言えるだろう。

日輪田▼

「山廃　純米吟醸」
720ミリリットル
「日輪田」は若い蔵元が立ち上げた、山廃を中心としたフルボディの銘柄。香り控えめで旨味がたっぷりの食中酒。
萩野酒造（宮城県）

川鶴▼

「特別純米　備前雄町60」
720ミリリットル
酒名の由来となっている蔵の裏を流れる財田川。その川の伏流水を仕込み水として造られた旨味と酸味のバランスのよい、骨太の酒。
川鶴酒造（香川県）

紀土▼

「KID　純米大吟醸」
720ミリリットル
山田錦を48%まで磨いた純米大吟醸。紀州の良質な水を表現しようと造られ、華やかな吟醸香が口中に広がる。
平和酒造（和歌山県）

栄万寿▼

「純米吟醸」
750ミリリットル
ブルゴーニュタイプのボトルとラベル。長期低温発酵の無濾過生貯蔵原酒にこだわる少量仕込みならではの繊細な味わい。
清水屋酒造（群馬県）

寫楽▼

「純米吟醸　備前雄町　生」
720ミリリットル
備前雄町を100%使用して50%まで磨いた、大吟醸スペックの純米吟醸。上品でさわやかな果実系の味わい。
宮泉銘醸（福島県）

仙禽▼

「亀ノ尾　中取り　無濾過原酒」
720ミリリットル
麹米の精米歩合35%は大吟醸でもハイクラス。「甘酸っぱさ」のインパクトだけでなく、美しくきれいな酸に仕上がっている。
せんきん（栃木県）

新政▼

「クリムゾンラベル」
720ミリリットル
クリムゾンとは濃く明るい赤色を意味する。心地よいガス感とさわやかな酸味がマッチ、洋食やエスニックにも合うモダンな酒。
新政酒造（秋田県）

風の森▼

「純米大吟醸　秋津穂　しぼり華」
720ミリリットル
無濾過生原酒のみという先鋭的なブランド。「しぼり華」は最初に垂れてくる「あらばしり」の意味。フレッシュな香りと軽快に広がる酸が心地よい。
油長酒造（奈良県）

第2章

日本酒の基礎知識

これだけは覚えておきたい、日本酒の基礎知識

日本酒のこと教えて！Q&A

純米酒、吟醸酒、生酒、熟成古酒などさまざまなタイプがある日本酒。でもいったいそれらは何を表している言葉？「日本酒は何だかむずかしい」と思っているあなたの疑問に答えます！

日本酒を選ぶ時に、何を基準にして選べばいいのか？　その大きな手助けになってくれるのが、瓶に貼ってあるラベル。最近では横文字で書いてあって、まるでワインのようなものも多く、「何か可愛らしい」とデザインで選ぶ人もいるかもしれない。

それでもいいのだけれど、もう一度よく表と裏のラベルをみてほしい。そこにはそのお酒の特徴を表すことがいろいろと書いてあり、それによってどんな味がするか、だいたいの予想をすることも可能なのだ。Q&Aに入る前に、まずラベルの見方について説明しておこう。

ラベルにかならず書かなくてはいけないことは法律で決められている。①原材料名②製造時期③保存または飲用上での注意事項④製造者の氏名または名称⑤製造場の所在地⑥容器の容量⑦清酒（日本酒でも可）⑧アルコール分、そして発泡性を有するものはそのむね（開栓時注意など）を記載することとなっている。③はおもに火入れをしない生酒の場合で、「要冷蔵」などの表記が必要になる。

しかしこれ以外にも純米であるかとか何の米が使われているとか、日本酒度とかさまざまなことが書かれており、それらによってどんなタイプのお酒なのか判断することができるのだ。表側のラベルと裏ラベルに書かれていることを示すとともに、詳しく解説しているページのリンクも明記したので参考にしてほしい。

表側のラベルの見方

銘柄が書かれた
一番大きな「胴ラベル」のほかに、
お酒のタイプなどを示した「肩ラベル」、
生酒のシール等も貼られることがある。

肩ラベル

たすき状などに瓶の肩に貼られたラベル。生酛（46ページ参照）など酒のタイプや原料米など強調したいことが書かれる

生酒の表示

火入れしていない生酒であることを示すシール（47ページ参照）

胴ラベル

メインとなるラベル。銘柄が一番大きく書かれ、特定名称（38ページ参照）やお酒のタイプなどが書かれる

裏側のラベルの見方

瓶の裏側に貼られたラベル。
原材料名などかならず明記が必要なこと以外にも、
詳しい情報が書かれていることが多い。

①原材料名
米、米麹のほかに、醸造用アルコールなどが表示される（38ページ参照）

②アルコール分
15 ～ 17℃くらいが多い。加水していない原酒だと20℃くらいになることも。（47ページ参照）

③原料米
使われている米の銘柄と割合。複数の米をブレンドすることもある（40ページ参照）

④精米歩合
米をどのくらいまで磨いて仕込んだかという表示。数字が小さいほうが多く磨いている（38ページ参照）

⑤仕込水
仕込みに使われた水についての表記。伏流水とは河川の底を流れる地下水のこと（43ページ参照）

⑥日本酒度
水に対する日本酒の比重を数値化したもの。＋ほど辛口、－ほど甘口になる（42ページ参照）

⑦酸度
含まれている酸の含有度を示す数値。高いほど濃醇な味わいになると言われる（42ページ参照）

⑧杜氏名
その蔵の酒造りのリーダーである杜氏の名前。南部杜氏、越後杜氏など地域により流派がある

⑨製造年月
瓶詰めされて出荷された日。造った日（しぼられた日）とはかならずしも一致しない

裏ラベルはライナーノーツ？

最近の傾向として、蔵元や杜氏がそのお酒への思い入れなどをつづった、長い文章を裏ラベルに明記することが多くなってきた。これについて新政酒造八代目蔵元の佐藤祐輔社長（89ページ参照）は「表のラベルがCDのジャケットとするならば、裏ラベルはライナーノーツのようなもの。解説を読むことでそのお酒の楽しみ方を知ってほしいと思う」と語る。音楽にも造詣の深い氏ならではのこだわりだ。

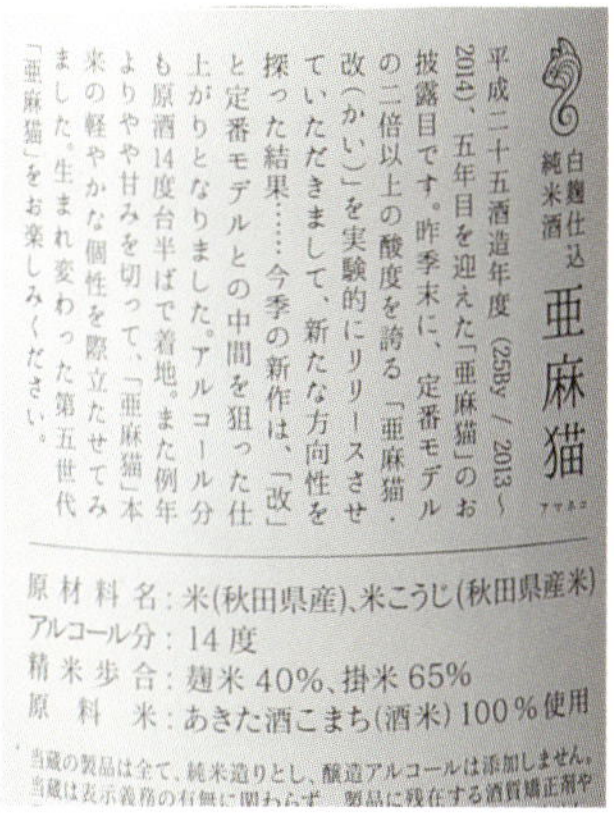

Q 本醸造《ほんじょうぞう》とか吟醸酒《ぎんじょうしゅ》って何ですか？

A 日本酒のタイプを表す特定名称のことです。

日本酒のタイプでまず覚えてほしいのが、8種類に分けられる「特定名称酒」。吟醸酒、純米酒、本醸造酒などがその例で、特定の要件を満たしたお酒がそう名乗ることができる。

左ページの表に詳しくその内容を載せているが、特定名称酒は2つのベクトルで分類される。ひとつは原材料として純米（米と米麹《こめこうじ》だけを使用）か醸造アルコールを添加しているかということ。醸造アルコールを一定量以内で添加した酒が「本醸造酒系」、米と米麹だけを使用しているものが「純米酒系」となる。

もうひとつ軸となるのが、「精米歩合」。お米をどれだけ磨くかということだが、「精米歩合60％」というのは、4割分のお米を削って6割残しているということ。数字が低いほど磨いているということになり、最近では20％台まで磨いているお酒もある。吟醸酒系は香り高く、華やかな味わいになるのが特徴だ。

本醸造酒は精米歩合70％以下だが、純米酒にはその規定はなく、たとえば90％でも純米酒を名乗ることができる。傾向としては純米酒系は旨味が強く重厚で、醸造酒系はキレがいいものが多い。

特定名称酒に該当しない日本酒は、「普通酒扱いの酒（特定名称以外の酒）」と呼ばれる。それらは、醸造アルコールを白米総重量の10％以上添加したり、糖類など調味のための副原料を添加しているものなどを指すが、特定名称酒に比べて品質が劣るイメージがある。

しかし最近では、貴醸酒や意識的に等外米を使った特定名称酒に該当しない酒でも、特定名称酒並みの酒質を持つものが登場してきている。

右から、華吹雪を55％まで磨いた『田酒 特別純米酒』（西田酒造店）、『花陽浴 純米大吟醸 直汲み』（南陽醸造）、山田錦を40％まで磨いた『浦霞 エクストラ 大吟醸』（佐浦）。それぞれ別タイプの特定名称酒だ。

酒税法による特定名称酒の分類

※使用する白米は、農産物検査によって3 等以上に格付けされた玄米またはこれに相当する玄米を精米したもの
※麹米使用割合は15%以上
※使用できる醸造アルコール量の範囲は白米総重量の10%以下（本醸造酒系）

	特定名称酒				
純米酒系 原料：米、米麹	純米大吟醸酒	純米吟醸酒	特別純米酒	純米酒	
精米歩合 香味等	50%以下 吟醸造り、固有の香味、色沢が特に良好	60%以下 吟醸造り、固有の香味、色沢が良好	60%以下 または特別な製造方法＊ 香味、色沢が特に良好	設定なし 70%以下	香味、色沢が良好
本醸造酒系 原料：米、米麹、醸造アルコール	大吟醸酒	吟醸酒	特別本醸造酒	本醸造酒	

＊何らかの製造上の特別な工夫のことで、要説明表示。

普通酒

特定名称の規定から外れたものを指す、一般的な呼称。

①規定量以上の醸造アルコールを使用したもの
②本醸造酒系で精米歩合が 71%以上のもの
③すべてにおいて、麹米の使用割合が 15%以下のもの
④原料に糖類、甘味料、酸味料、アミノ酸などを添加したもの
⑤精米歩合を表示していないもの

特定名称を表示しない蔵も

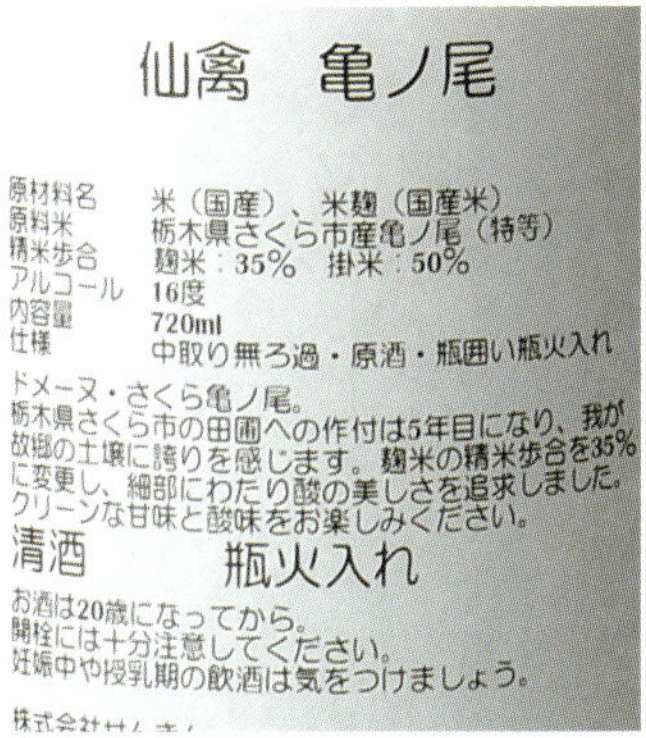

仙禽　亀ノ尾
原材料名　米（国産）、米麹（国産米）
原料米　栃木県さくら市産亀ノ尾（特等）
精米歩合　麹米：35%　掛米：50%
アルコール　16度
内容量　720ml
仕様　中取り無ろ過・原酒・瓶囲い瓶火入れ
ドメーヌ・さくら亀ノ尾。
栃木県さくら市の田圃への作付は5年目になり、我が故郷の土壌に誇りを感じます。麹米の精米歩合を35%に変更し、細部にわたり酸の美しさを追求しました。クリーンな甘味と酸味をお楽しみください。
清酒　瓶火入れ
お酒は20歳になってから。
開栓には十分注意してください。
妊娠中や授乳期の飲酒は気をつけましょう。

特定名称酒でわかりづらいのが、「特別本醸造酒」と「特別純米酒」。それぞれ吟醸酒、純米吟醸酒と同じ程度の精米歩合なのだが、規定どおりに考えれば「吟醸造りをしていない」ということになる。
しかし吟醸造りの尺度は蔵によって違うので、たとえば同じ酒を造ってもある蔵では「純米吟醸酒」として別な蔵では「特別純米酒」とすることもある。また50%以下まで磨けば大吟醸酒になるが、30%と50%の酒を造っている蔵では50%のほうを「吟醸酒」にしてしまうということもある。『仙禽』などはこうしたあいまいさを回避したいということと、「先入観をもたれたくない」（薄井一樹氏。92ページ参照）ということから、特定名称酒を表示するのをやめてしまった。これからもそういう傾向は強まるかもしれない。

Q お酒に使うお米は食べるお米と違うの？

A 酒造好適米《しゅぞうこうてきまい》と呼ばれる酒米をおもに使います。

左：酒米を自社栽培している泉橋酒造の山田錦
右：収穫された山田錦の稲（写真：僕らの酒プロジェクト）

日本酒のラベルには原料米として山田錦や五百万石などと米の名前が書かれているが、これはふだん食べているコシヒカリやササニシキなどの一般のお米（飯米）とはどう違うのだろう？

米にはデンプン質のほかにタンパク質や脂質分があり、それによって旨味を感じる。しかし日本酒の場合、それらの成分が強すぎると雑味と感じてしまうことがある。

飯米の精米歩合は90％程度。日本酒に使用する場合は雑味を取り除くために、もっと多く磨くことになる。磨けば磨くほど雑味が消えて香りも高くなり、大吟醸では50％以下まで磨くわけだ（38ページ参照）。

そのように米を磨くためには、米粒自体が大きくなければならない。また中心部である心白はデンプン質が集中しているので、この部分が大きければタンパク質を効率よく除去できる。

そのような酒造りに適した米にするために品種改良されたものが、「酒造好適米」。一般の米よりも粒や心白が大きいほかに、吸水性がよい、醪《もろみ》に溶けやすい、糖化性がよいなどの特徴がある。

こうした酒造好適米は各都道府県の試験研究機関で、その地域に合わせて開発されたケースが多い。左ページに日本酒に使われる代表的なお米の開発場所と特徴をあげてみたので参考にしてほしい。

ちなみに日本酒には酒造好適米だけでなく、コシヒカリや日本晴などの飯米も使われている。また、より米の風味を楽しむために90％など低精米で造られているお酒もある。

日本酒に使用される代表的な米

都道府県の農事試験場、醸造試験所などで開発された酒米は、それぞれの気候や土壌にあわせて開発されたものが多い。カッコ内は開発や発見された都道府県だが、現在はそれ以外の場所でも生産されている。

山田錦《やまだにしき》

（兵庫県）

1923年、兵庫県県立農事試験場にて山田穂／短稈渡船を交配、1936年に「山田錦」と命名される。米粒が大きく、「酒米の王者」と呼ばれるほど人気が高い。香りもよく、まるみのあるソフトな味わい。

雄町《おまち》

（岡山県）

1859年に備前国上道郡高島村雄町の岸本甚造が発見、1866年に「二本草」と命名され、1922年に「雄町」として純系分離された。香りは少ないものの、濃厚でしっかりした味わいで、コクがある。

美山錦《みやまにしき》

（長野県）

1972年に農林水産省が開発、1978年に長野県の奨励品種に採用され「美山錦」と命名。耐冷性に優れていて寒冷地で栽培しやすく、東北地方でもよく作られている。しっかりと米の味がする。

五百万石《ごひゃくまんごく》

（新潟県）

1956年に新潟県による開発、新潟の米の生産高が五百万石を突破したことを記念して命名された。すっきりとした切れ味が良い淡麗系の酒に仕上がるが、フルーティーな香りを醸し出す品種でもある。

亀《かめ》の尾《お》

（山形県）

在来種で正確には酒米ではなく一般米。1893年に在来種惣兵衛早生から、阿部亀治によって選抜され、この名がついた。一時「幻の米」となったが1980年代に復活。酸味のあるリッチな味わいが特徴。

八反錦《はったんにしき》

（広島県）

在来種の八反草を系統育成した「八反10号」が最初で、その後「八反35」、「八反錦1号」、「八反錦2号」と改良を重ねている。心白が大きく、吟醸酒向きとされる。香りは高くないが、コクが感じられる。

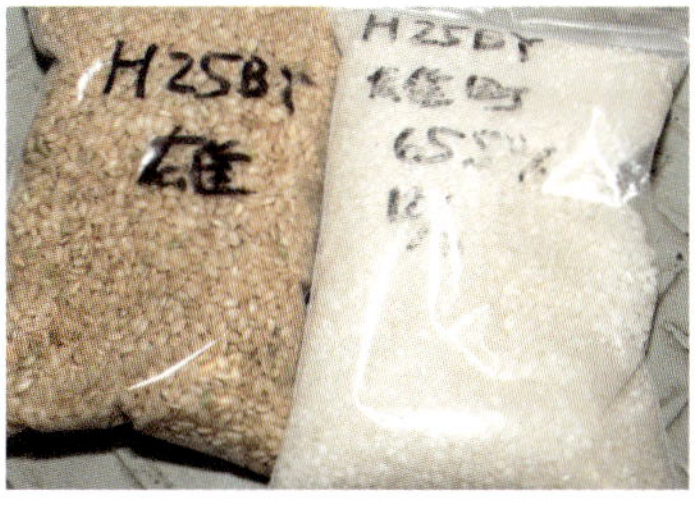

上：精米した後の山田錦。デンプン質である心白の大きさがわかる（写真：美吉野酒造）
下：雄町の玄米（左）と65.5%に精米したもの。飯米だと精米歩合は90%程度（泉橋酒造にて）

Q 辛口、甘口はどうやって決まるの？

A 日本酒度の数字がプラスかマイナスかがひとつの目安になります。

37ページでも解説した日本酒度は、清酒の比重を示すのに便利なように工夫された独特の尺度。15度にした日本酒に日本酒度計という浮標を浮かべて計る。4度の水と同じ比重を日本酒度0として、それよりも軽いものはプラスの値、重いものはマイナスの値をとる。

糖分が多い酒は比重が重いので、日本酒度はマイナスになる。反対に糖分が少ないと比重が軽いので、日本酒度はプラスになるというわけだ。

ただ、酒の比重はアルコール分によっても大きく変わってしまうので、アルコール分が同じくらいの酒同士でないと日本酒度で糖分の多さの比較はできない。また、酸味があると舌に感じる甘みが隠されてしまうため、糖分が同じでも酸味の強い酒はより辛口に感じる。

酸度というのは、乳酸やコハク酸などの酸の総量のこと。酸度が高いと辛口になるとともに味は濃醇になり、酸度が低いと淡麗で甘口になる。また、アミノ酸度もラベルに書かれていることもあるが、アミノ酸の量が多いほど、旨味とコクのある味となる。

このように日本酒度が高いからといって、かならずしも実際の味わいは辛く感じるわけではない。日本酒の甘い、辛いは糖分と酸のバランスで決まるので（64ページ参照）、日本酒度だけで日本酒の甘辛を正確に表すわけではないことも覚えておこう。

あおい有紀さんと並んで、『華鳩 貴醸酒』を持つ榎酒造の榎真理子さん。水の代わりにお酒で仕込む貴醸酒は、甘口で濃厚な味になる。『華鳩 貴醸酒』は日本酒度－44と非常に糖分が多い

日本酒度＋14、酸度1.8の『酔右衛門 超辛口 無濾過純米酒』（川村酒造）。冷やで飲むと辛く、お燗をすると米の旨味が増す

Q 日本酒を造るのに使う水はどんな水？

A 地中にしみこんだ伏流水《ふくりゅうすい》がよく使われます。

日本酒は米を原料とするが、成分の約8割は水。それだけに各地の酒蔵も、水にこだわっているところが多い。仕込みに使う「仕込み水」を、お酒とは別に販売しているところもある。

日本は山や河川が多く、水に恵まれた国だが、日本酒もその恩恵に浴していると言える。多くの酒蔵が仕込み水に使っているのが「伏流水」。山地に降った雨や雪は河川となって海に流れこむが、その一部は地中にしみこむ。そのように地表や河川から地中にしみこんだ水のこと。

地中にしみこんでいくうちに地層によって濾過《ろか》されるので、伏流水は汚染されず、ミネラル質を含んだ水になる。それが酒造りに非常に適しているわけだ。

これらの地下水は、その土地によってカルシウムやマグネシウムなどの含有量が異なる。それが「硬度」の違いとなる。海外のミネラルウォーターなどでも硬度はおなじみだが、ミネラル分を多く含んでいるのが硬水。少ないものを軟水という。

硬水でお酒を仕込むと、ミネラル分が発酵を促進させて早く発酵することが多い。お酒は酸が強めでキリッとした辛口のタイプになる。その特徴を表して「男酒」と呼ぶこともある。一方、軟水で仕込むと、ゆるやかに発酵が進み、柔らかく雑味のないほのかな甘口になることが多い。こちらは硬水の男酒に対して、「女酒」と呼ばれる。

日本酒の酒造りでは、仕込み以外にも米を洗ったり、ひたしたり、瓶を洗浄したり多くの水が使われる。しぼった酒そのままの状態を原酒（47ページ参照）と言うが、通常はこれに水を加えて、アルコール分を調整する。それを「割り水」といい、酒造りのうえで重要な要素だ。

右：神奈川県海老名市にある泉橋酒造の井戸。硬水のために辛口の酒に仕上がるという
左：奈良県の吉野川。山地を水脈とするこうした河川から地中に水がしみこみ、伏流水となる（写真／美吉野酒造）

Q 原材料名にある米麹《こめこうじ》ってどんなもの？

A 蒸した米に麹菌《こうじきん》をつけて発酵させたものです。

上：手造りの場合、米麹は丸３日ほどかけてようやくできあがる
下：玄米などに麹菌の胞子が付着した種麹。右から黄麹、白麹、黒麹。日本酒はおもに黄麹を用いるが、白麹、黒麹を用いたものもある（2点とも泉橋酒造にて）

純米酒を造る原料となるのは、米と水、そして米麹だけ。米麹とは簡単にいうと、蒸した米に、カビの一種である麹菌を繁殖させたもの。この麹菌が蒸した米に菌糸を伸ばし、菌糸の先から「糖化酵素」を出し、米のデンプン質を糖分に分解するのだ。

ワインは原料となるぶどう自体に糖分が含まれており、酵《こう》母《ぼ》（45ページ参照）を加えれば酵母がその糖分を食べて発酵が進む。しかし日本酒やビールなど穀物が原料の場合、まずデンプン質を糖分に変えてあげなければ発酵しないわけだ。

米麹を作ることを製麹《せいきく》（56ページ参照）というが、蒸した米に「もやし」とも呼ばれる種《たね》麹《こうじ》を振りかけ、麹菌を繁殖させる。菌は35度くらいの温度でもっとも繁殖するので、製麹の作業をする麹室《こうじむろ》はその温度が保たれている。酒造りでは非常に重要な工程だ。

特定名称酒では、こうしてできあがった米麹が15%以上でなければいけないという決まりがある。ちなみに米麹以外で原料となる米は「掛《か》け米《まい》」と言われる（59ページ参照）。

種麹として使われる麹菌には黄麹菌、黒麹菌、白麹菌といった種類がある。日本酒でおもに使われるのは、古くからある黄麹菌。味噌や醤油にも使われている。黒麹菌は沖縄の泡盛で使われていたもの。白麹菌は黒麹菌から分離したもので、おもに焼酎に使われている。

Q 酵母の種類によって何が変わるの？

A 日本酒の味や香りに大きな影響を与えます。

麹菌が造った糖分を発酵させて、アルコールに変える働きをするのが酵母。単細胞の微生物で、パン酵母（イースト）やビール酵母などがあり、日本酒で使われるものは清酒酵母と呼ばれている。

この酵母の種類によって、日本酒の味や香りは大きく変化する。清酒酵母は、日本醸造協会が各蔵元に頒布している「協会系酵母」と、各都道府県などが開発している「開発酵母」の2つに大きく分かれる。「協会1号」は1906年に灘の『桜正宗』で分離され、以後5号まで西日本で分離されたが、現在では頒布されていない。各酵母の特徴は表参照のこと。

酵母の酒類

協会系酵母

番号		特徴
泡あり	泡なし	
6号	601号	「新政酵母」。穏やかな香りで、淡麗にしてソフトな酒質に適し、味は深みが出るとされる。生酛系に適している
7号	701号	「真澄酵母」。発酵力が強くオレンジのような華やかな香りを出す。吟醸酒から普通酒まで幅広く適している
9号	901号	「香露酵母」。酸は少なく香気が高いので、吟醸酒に向いている。醪の状態が短い傾向がある
10号	1001号	これ以前の酵母に比べて酸が少なく、淡麗で高い吟醸香を出すことが特徴
11号	なし	アルコール耐性が強く、切れが良いので大辛口酒などのアルコール度の高い酒を造るのに向いている
14号	1401号	「金沢酵母」。生成される酸が少ないために綺麗な味の仕上がりとなり、ほどよい吟醸香を生む
15号	1501号	それまで秋田県の「AK-1酵母」として使用されてきたものを協会酵母として登録。香りの華やかな酒に向いている

開発酵母

名称	特徴
山形酵母	香りが高く爽やかな酒になる。この酵母に合う酒米として「出羽燦々」が開発された
静岡酵母	フルーティーできれいな味を作り出す。静岡県の酒蔵の吟醸酒造りに大きな役割を果たした
花酵母	花から分離した酵母。東京農大の中田久保教授が開発。花によってさまざまな特徴がある

新政酒造（秋田県）の五代目蔵元である佐藤卯三郎氏が、吟醸造りを行う過程で発見した6号酵母。現在、協会系酵母でもっとも古いものだ

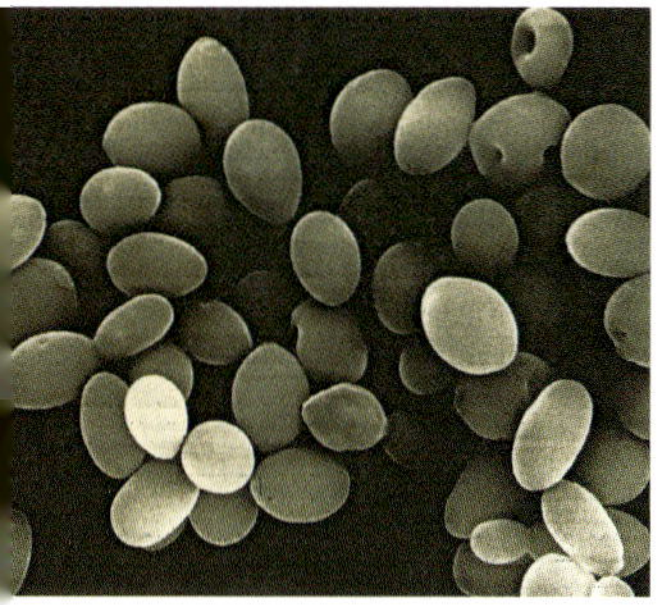

Q 生酛《きもと》や山廃《やまはい》というのは何のこと？

A 手間と時間をかける伝統的な酒母《しゅぼ》の造り方のことです。

米麹ができたら、酒母を造る工程に入る（58ページ参照）。酒母は酛《もと》とも言われ、次に行われる仕込みの工程で大量の米を発酵させるための酵母を増やす作業のこと。

この作業の方法には、手間と時間がかかる伝統的な方法と、時間を短縮した方法がある。伝統的な方法が生酛と山廃（酛）で、これらは合わせて生酛系と呼ばれる。それに対して時間を短縮した方法のことを速醸《そくじょう》（酛《もと》）という。

生酛で行われる「山卸（もと摺り）」。水分を吸ってふくれた米を根気よくすりつぶしていく（写真／泉橋酒造）

両者の違いは、簡単にいうと最初に乳酸を添加するかどうかということ。速醸系では最初の仕込みの段階で、米、米麹、水とともに乳酸を添加する。それに対して生酛系は、天然の乳酸菌を取り込むという造り方だ。

では生酛と山廃の違いは何だろう？ 生酛ではまず、蒸し米、麹、水を「半切桶《はんぎりおけ》」という浅い桶6～8枚に分けて仕込む。そして仕込みから15～20時間後、約3時間おきに3回、半切桶ひとつに2～3人がかりで、櫂《かい》を使って米粒がこなれるまで丁寧にすりつぶしていく。

このすりつぶす作業を「山卸《やまおろし》」または「酛摺《ず》り」といい、非常に根気のいる作業で蔵人たちの負担が大きい。江戸時代に考え出された方法だが、明治に入ってこの「山卸」を省略する方法が生まれた。「山卸を廃止する」というので、「山廃」と名付けられたわけだ。

味の傾向としては、生酛系は酸の乗った重厚な旨味が感じられ、速醸系はすっきりした淡麗な味わいになる。

酒母造りの方法

- 生酛系　自然界の乳酸菌を取り込む
  - → 生酛　山卸を行う
  - → 山廃酛　山卸を行わない
- 速醸系　最初に乳酸を添加する

Q 生《なま》酒《ざけ》、生貯蔵酒、生《なま》詰《づめ》ってどう違うの？

A 生酒は一度も火入れせず、他は一度ずつ火入れします。

上：しぼりたての状態。このまま瓶詰めして出荷すると、無濾過生原酒ということになる（写真／美吉野酒造）
左：出荷前に行う火入れ。通常はしぼった後と2回火入れを行う（写真／僕らの酒プロジェクト）

　仕込みが終わり、醪《もろみ》をしぼるとしぼりたての日本酒が出てくる。この状態でそのまま瓶詰めして出荷すると、直汲《じかく》みの「無濾過生原酒《むろかなまげんしゅ》」となる。一般的な日本酒の場合は、この後数日間タンクに置いて上澄みの部分を取り出す「おり引き」を行い、さらに活性炭で濾過《ろか》する。そして殺菌と酵素の活性化を止めるために火入れをする。

　火入れをした後、タンクに貯蔵をしてひと夏を越す。出荷する時期になったら、加水をしてアルコール度数を調整した後、もう一度火入れをする。つまりしぼった後に一度、出荷前にもう一度と二度にわたり火入れをするわけだ。

　この火入れを一度も行わないのが「生酒」。最初に述べた「無濾過生原酒」も生酒の一種だが、加水をしても火入れをしなければ生酒だ。フレッシュな味が楽しめるが、冷蔵で保存しないと劣化してしまう。

　これに対して最初の火入れを行わず、出荷前の火入れだけ行うのが「生貯蔵酒」。最初に火入れをして出荷前の火入れを行わないのが「生詰」。いずれも生酒のフレッシュ感を残しながら、殺菌効果なども得ようという方法だ。

　ちなみにこうした生酒の系統は冷蔵保存するため、そのまま冷たい状態で飲むのが一般的だが、お燗をすることで別な味わいも出てくる。この本でも生酒をお燗する例を掲載しているので、試してみるのもいいだろう。

Q 日本酒が一番美味しい季節はいつ？

A 季節ごとにいろいろな味わいが楽しめます。

日本酒は昔から「寒造り《かんづく》」と言われるように、冬の寒い時期に仕込みを行うのが普通。これは、秋に米が収穫される、夏場は農業をしている杜氏の農閑期にあたる、温度が低いほうが酒造りにとって邪魔な微生物の活動が弱いなどさまざまな理由がある。

それでだいたい仕込みは10月から3月までの間に行われるが、11月くらいから造りたてで出荷されるのが「新酒」。フレッシュな若々しい味が特徴。

新酒は春まで楽しめるが、夏になると最近は「夏酒《なつざけ》」と言われるタイプが多く出回るようになった。暑い夏に爽やかに飲める生酒が主体で、新酒の荒々しさがおさえられ、やわらかで軽快な口あたりが涼を誘う。

春までに造られた酒を貯蔵してひと夏を越し、秋になって出荷されるのが「秋あがり」や「ひやおろし」といわれるお酒。熟成した味わいが特徴的で、秋刀魚など秋の味覚とよくマッチする。

「秋あがり」というのは秋に風味が上がるという意味でつけられた言葉。「ひやおろし」もその一種だが、出荷前に火入れをせず、「冷やで卸す」ということからそう呼ばれるようになった。前ページで説明した「生詰」ということになるが、「秋あがり」と「ひやおろし」はそれほど厳密に区別して使われているわけではないようだ。

このように日本酒は四季折々に、その気候に合ったお酒が楽しめるのが特徴。もちろん一般的な火入れの酒は通年で出荷されているので、そうした定番のお酒と、季節商品と両方味わえるのも魅力だ。

上：爽快辛口の生原酒『いづみ橋 夏ヤゴ』（泉橋酒造）。涼味を誘う夏酒
右：ひと夏の間貯蔵して熟成させた「秋あがり」「ひやおろし」。秋の味覚ともよく合う

Q 日本酒を飲むと綺麗になるって本当？

A 美白、美肌、保温など さまざまな効果があります。

米麹造りのために麹に触れていると、知らず知らずのうちにお肌がつるつるになるとのこと（写真／旭日酒造）

発酵飲料である日本酒は、アミノ酸など体にいい成分がたくさん含まれ、美容効果も高い。そのいくつかを紹介しよう。

1、美白効果

日本酒は麹菌によって米を発酵させて作られるが、麹菌にはシミやほくろを作るメラニン色素を抑制する働きがある。飲むだけでなく、肌につけてもＯＫ。

2、美肌効果

日本酒に多く含まれているアミノ酸は、肌の角質層の構成要素。そのアミノ酸が肌のキメを整えてくれる。

3、保湿効果

日本酒に含まれているアルファ・グリコシルグリセロールという成分には、ヒアルロン酸やコラーゲンの生成を促進させる効果があり、保湿力をアップしてくれる。

4、保温効果

日本酒はほかのお酒に比べて飲んだ後の体温上昇が2度くらい高くなる。その体温の上昇は長時間続いて血行が促進され、血液の循環がよくなる。

5、老化防止

日本酒にはポフェノールの一種である酸が含まれている。この成分には強力な抗酸化作用があり、シワやたるみ、シミなどを抑制する効果がある。

このように日本酒にはさまざまな美容効果がある。飲むだけではなく、お湯でわってパッティイングしたり、コップ2～3杯の日本酒をお風呂に入れたりするのもおすすめ。酒粕でパックするのも美白、保湿に効果が高いとのこと。内からも外からも〝日本酒美人〟を目指そう！

美味しい日本酒ができるまで

非常に手間がかかると言われる日本酒は、いったいどのようにして造られるのだろう。お米の栽培から行っている泉橋酒造にて、あおい有紀さんが一日蔵人を体験、繊細な酒造りの工程を追ってみた。

写真／藤田能成、泉橋酒造

泉橋酒造（神奈川・海老名）

日本酒造りの流れ

- 精米（54ページ）
- 洗米（55ページ）
- 浸漬《しんせき》（55ページ）
- 蒸米《じょうまい》（55ページ）
- 製麹《せいきく》（56ページ）
- 酒母《しゅぼ》（酛《もと》）（58ページ）
- 仕込み（59ページ）
- 醪《もろみ》（59ページ）
- 上槽《じょうそう》（60ページ）
- おり引き・濾過《ろか》（60ページ）
- 火入れ（60ページ）
- 貯蔵（60ページ）
- 加水（割り水）
- 火入れ・瓶詰め
- 出荷

地元米に
こだわる酒蔵、
泉橋酒造にて
蔵人になる

泉橋酒造の季節商品『秋とんぼ山廃・雄町』。「赤とんぼが飛び交う故郷にしたい」という思いから、泉橋酒造では赤とんぼをトレードマークにしている

安政4年創業の泉橋酒造。穀倉地帯である海老名耕地にて、潤沢な米と丹沢山系の伏流水という二つの恵みを生かした酒造りを始めた

日本酒造りはむずかしい？

ワインやビールなどと同じ醸造酒である日本酒。醸造酒というのは、さまざまな原料を酵母により発酵させて造るお酒のこと。日本酒の原料はもちろんお米だけど、ワインの原料であるぶどうのように糖分を含んでいるわけではないので、そのままではアルコール発酵しない。

そのため、麹によって米のデンプン質を糖化させ、酵母によって発酵させることが必要。ビールはその「糖化」と「発酵」を段階的に行うのに対して、日本酒は同時に行う。その方法は世界の酒造りの中でも非常に珍しく、それが「日本酒造りはむずかしい」ことにつながる。

伝統的な日本酒の造り方

日本酒ができるまでの大まかな流れは、51ページの表を参照のこと。しかし一口に日本酒と言ってもさまざまなタイプがあるので、造り方もいろいろ違ってくる。たとえば洗米一つ

橋場友一社長（左）が六代目蔵元を務める泉橋酒造に、あおい有紀さんが蔵人として一日体験

とっても、手で洗うこともあれば、機械で洗うこともあるし、生酒（47ページ参照）の場合は火入れを行わない。

　とくに江戸時代から続くような伝統的な造り方をする場合と、大量に生産するために機械化した製造法では大きく異なる。ここでは、安政4年（1857年）創業の泉橋酒造を訪ね、おもに伝統的な日本酒の造り方についてリポートしていく。

米作りから出荷まで

神奈川県・海老名市にある泉橋酒造は、米と米麹《こめこうじ》を原料とする純米酒のみ（純米大吟醸、純米吟醸を含む）を造っている酒蔵。使用する米のほとんどは地元産であり、全体の約1割は自社で生産もしている。それだけ強く米にこだわっているわけで、精米も自社で行っている。


造り方も、すべて麹蓋を用いる製麹法（56ページ参照）で行うなど伝統的な製法を主体にしている。日本酒のもっとも古くから伝わる方法と言われる「生酛（46ページ参照）」造りによる酒も製造している。

　2013年まで、長年勤めた南部杜氏が高齢のために蔵を去り、現在は六代目蔵元の橋場友一社長が杜氏役も兼任。冬の仕込みの時期に蔵にやってくる、南部杜氏協会所属の蔵人もいるが、社員化を進めて10数人の社員が米作りから関わっている。次ページからは、この泉橋酒造で、あおい有紀さんが蔵人を一日体験、その造り方に迫ってもらった。

すべて純米の酒のみを造っている泉橋酒造。四季折々の酒も豊富。右から純米吟醸の「いづみ橋 恵 青ラベル」、「いづみ橋 夏ヤゴ」。左端は純米酒仕込み梅酒の「山田十郎」

1.泉橋酒造が組織する「さがみ酒米研究会」は、地元の生産者などと原料米の研究を行い、約36ヘクタール（平成26年度）で山田錦、亀の尾、雄町などを栽培している。2.約4.5ヘクタールは自社で栽培、6月の田植え会や10月の稲刈り会には多くの酒販店や飲食店も参加する。3.地元産の米を使った酒造りは、最近の傾向となっている。

酒造りは米作りから

米作り・精米

「お酒ができるまで」を取材したいということで、首都圏では珍しく、お米の自社栽培までしている泉橋酒造にお願いすることにしました。橋場社長から「酒造りも体験してみたらいかがですか」とご提案いただき、お言葉に甘えさせていただくことに。

泉橋酒造は「酒造りは米作りから」をモットーに、お米の栽培からこだわっている蔵です。製造石高は800石あまりですが、原料となるお米の95%は地元産。そのうちの10%ほどが自社栽培、残りは泉橋酒造が地元の生産者などと組織している「さがみ酒米研究会」によるものです。山田錦、亀の尾、雄町、神力など高品質の酒米を中心に栽培しています。

精米を自社で行っているのも泉橋酒造の特長でしょう。高価な精米機を持っている蔵は少なく、委託精米するのが一般的。自社精米ならば精米歩合の調節もしやすく、より良いお酒を造ることが可能になるわけです。

4.精米歩合40%の純米大吟醸をはじめ、酒造りでは精米も非常に大切。泉橋酒造では委託ではなく、自社精米を行っている。5.精米された米をチェックする橋場社長

1.洗米はストップウオッチ片手に秒単位で行う。麹造りに使用する米はすべて丁寧に手洗い。

5.甑(こしき)と呼ばれる米を蒸す釜。もうもうとした湯気が立って視界がなくなるくらい。6.米が蒸し上がったら、専用のスコップでざるに入れ、急いで乾燥する場所まで運ぶ。7.蒸し米を布の上に広げて熱を冷ます。温度が下がったら、麹室(こうじむろ)など次の作業場に運びこまれる。

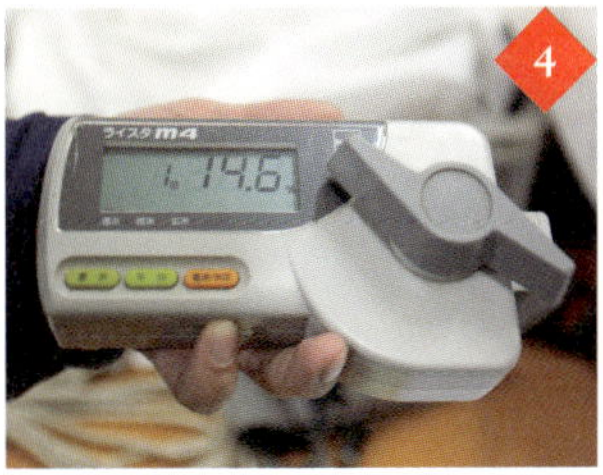

2.水に浸して吸水させる浸漬も厳密に時間を計る。米の品種や精米歩合で時間も変わる。3.水を切ったら吸水率の計量をし、一晩置いて翌朝に蒸す。4.洗米の前に白米の水分を調べてから、浸漬時間を決める。

秒単位で時間を計りながら作業

洗米・浸漬《しんせき》・蒸米《じょうまい》

精米したお米には米ぬか等が残っているので、まず水で洗い(洗米)、そして水に浸して吸水させます(浸漬)。お酒を造る米は、製麹に使われる麹米と、醪に直接仕込まれる掛け米に分けられますが、泉橋酒造では麹米はすべて手洗いしています。高い精米歩合まで磨かれた米は傷つきやすいからです。

そして洗米、浸漬ともに、ストップウオッチ片手に秒単位で行います。お米の種類や精米歩合によりその時間は異なり、非常にデリケートな作業です。浸漬後、水を切ったら重さを量り水分を測定。狙った吸水率に誤差がないかチェックします。

そうして吸水した米は一晩置かれて、翌朝、甑と言われる蒸し器で蒸されます。1時間で米は蒸し上がりますが、専用のスコップで桶に入れ、素早く運んで布の上に広げて熱を冷まします。放冷機を使用して冷ます蔵も多いですが、泉橋酒造では大部分の米は自然に冷まされます。

1

麹菌を繁殖させる

製麹《せいきく》

麹米《こうじまい》として使われる蒸し米は、40度くらいまで熱を冷ました後、麹室《こうじむろ》へと運ばれます。麹室というのは、麹造り専用の部屋のこと。温度が30度、湿度が60%くらいで蒸し暑いですが、これは麹菌《こうじきん》が繁殖しやすくするため。

蒸し米を床《とこ》の上に広げてほぐしたら、種麹《たねこうじ》と呼ばれる黄《き》麹菌《こうじきん》の胞子をふりかけます(種きり)。その種麹が米全体にいきわたるようによくもみ、山のように積み上げます。こうすることで温度が下がらないようにし、麹菌の発芽を促します。

そのまま半日置いた後で一度もみほぐし、一晩置いておきます。2日目の早朝麹米を、木の箱(麹蓋《こうじぶた》)に小分けにします。夜中にも作業しなければならず、蔵人の苦労は大変なものがあります。

麹作業

1日目
朝8時：蒸米、引き込み、種切り
夜8時：切り返し

2日目
朝6時：盛り(麹蓋へ)
午後：仲仕事
夜7時頃：仕舞い仕事
途中、4回ほど積み替え

3日目
午前11時頃：出麹

1.麹菌が繁殖しやすいよう、温度30度、湿度60%くらいに保たれた麹室(こうじむろ)では、厳冬期でも半袖姿で作業。泉橋酒造では、製麹はすべて蓋麹法という、小さな木の箱を用いた伝統的な方法で行っている。2.蒸し米に振りかけられる種麹。「もやし」とも呼ばれる。

2

1.麹室に蒸し米を運び入れ［引き込み］、台の上に広げてほぐし、温度を一定にする。2.種麹と言われる黄麹の胞子をまんべんなく振りかける。3.麹菌が均一になるようにもみながら混ぜ合わせる［床もみ］。4.山のような形に積み上げる［もみ上げ］。5.布をかぶせて保温し、10～14時間置いておく。6.かたまりになった蒸し米をくずし、一粒一粒にほぐす［切り返し］。ほぐした米は木枠に入れて再度布をかけて一晩置く。7.広げてほぐした後、麹蓋に一定量（米一升分）ずつ盛っていく［盛り］。8.麹蓋は数時間おきに積み替え、温度を一定に保つようにする。9.盛った米は7～9時間後に広げ［仲仕事］、さらに5～6時間後に広げる［仕舞い仕事］。10.3日目の午前中、麹蓋から仕上がった麹を出し、かたまりになった麹をほぐす。11.布に包んで麹室から出し［出麹］、冷暗所に広げて一晩ほど乾かす［枯らし］。これで麹が完成。12.麹蓋をこまめに掃除するのも大切な仕事。

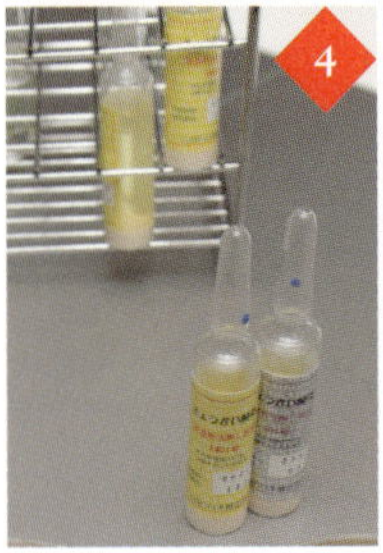

2.酒母造りでは、暖気樽と言われる道具を使って、酒母を冷やしたり［打瀬（うちせ）］、暖めたりする［暖気］。3.酒母用のタンクは、次の段階の仕込み用のタンクよりも小さい。4.日本醸造協会が頒布している、いわゆる「きょうかい酵母」のアンプル。酵母の違いによって、酒の性質も大きく変わってくる（45ページ参照）

1.江戸時代から伝わる生酛造りでは、櫂（かい）を使って麹をする「酛（もと）すり」と言われる工程も行う。「山卸し」という別名もあり、非常に根気のいる作業。同じ生酛系の造りながら、この作業を省略したのが「山廃酛（やまはいもと）」。「山卸し廃止」の略である。

酵母を生み出すまさに「お酒の母」

酒母《しゅぼ》

麹の力により、お米のデンプン質は糖化されますが、糖分を分解してアルコールにするのが清酒酵母《せいしゅこうぼ》です。たくさんのお米を発酵させるためには大量の酵母が必要ですが、多くの酵母を生み出す「もと」になるのが酒母です。

酒母は「酛《もと》」とも言われ、江戸時代に考案された生酛《きもと》造りは、自然に乳酸菌を生成してさまざまな微生物を駆逐し、その後に清酒酵母を増殖させるというもの。この方法だと酒母ができるまでに1カ月もかかります。

この工程を省略して、乳酸を添加してから酵母を入れる方法が、速醸《そくじょう》系と言われるもの。時間は半分に短縮できますが、自然の乳酸菌を作り出す生酛系は、重厚な酸味のある、清酒らしい味わいになります。

生酛系では水、麹、蒸し米を混ぜて仕込み、小さいタンクに入れて冷やしたり、暖めたりしてまず乳酸菌を生成、続いて清酒酵母を添加して増殖させるという方法で酒母を完成させます。

三段仕込みから
長期発酵

仕込み・醪《もろみ》

麹と酒母が完成したら、いよいよ仕込みです。清酒は「三段仕込み」と言われる3段階の仕込みを4日間かけて行います。1日目は小さめなタンクに麹と酒母、水、掛け米を入れて、櫂でかき混ぜます。「添《そえ》」仕込みと言われる工程です。2日目は酵母の増殖を待って一日休み（「踊り」と言われる）。

3日目は大きな発酵タンクに移して麹、掛け米、水を足す「仲《なか》」仕込み。4日目はさらに麹、掛け米、水を足す「留《とめ》」仕込みです。仕込む量は「添」が全体の6分の1、「仲」が6分の2、「留」が6分の3程度となります。低温で仕込んで発酵させるので、日本酒は温度が管理しやすい寒い冬に仕込みます。

米が発酵した状態を醪と言いますが、酒母や麹が均等になるよう、毎日かき混ぜないといけません。その作業を「櫂《かい》入れ」と言います。日にちの浅い醪は重く、かなりの重労働です。

こうして1カ月かけて長期発酵させ、お酒になる醪が完成します。

1.4日間にわたる「三段仕込み」の後、約1カ月かけて発酵させる。まるでフルーツのような香りもたってくる。2.発酵タンクの中で、醪はどんどん変化する。写真は最終段階に近い、玉のような泡が浮かんだ状態。3.仕込んだ日が異なるたくさんのタンクを、毎日、櫂でかき混ぜないといけない。うまく行うにはいろいろなコツもある。

醪から原酒へ、そして火入れ

上槽《じょうそう》・火入れ・貯蔵

長期発酵させた醪はなめらかになってきますが、このままでは清酒にはなりません。醪をしぼって、お酒と酒粕《さけかす》に分ける工程が必要になります。これを上槽と言います。上槽にはいくつかの方法がありますが、もっとも一般的に行われているのが、自動圧搾濾過機《じどうあっさくろかき》でしぼる方法。機械のメーカー名から通称「ヤブタ」と言われています。

この機械を使えば、圧力が強いので短時間で簡単にしぼることができ、酸化を防ぐことができますが、微妙な味の変化など繊細な造りには向きません。そこで泉橋酒造では大部分のお酒を、「槽《ふね》」によってしぼっています。

これは酒袋に醪を詰め、槽の中に横にして重ねていき、上から圧力をかけてしぼるという方法。袋を並べるのにも職人技が必要で手間がかかります。この他、酒袋を吊るして自然の重力でしたたり落ちてくる雫《しずく》をとる「袋掛け法」もありますが、とれる量が少ないので限定的に造られています。

槽からしぼられたばかりの

1.槽（ふね）と呼ばれる長方形の容器に、酒袋に詰めた醪を並べていく。置き方にもコツがある。

2.醪は発酵タンクから管を通して運ばれ、それを酒袋に詰めていく。3.容器がいっぱいになったら、上につけ足していく。最初は上に積まれた酒袋の圧力で、最後は上から押さえてしぼっていく。

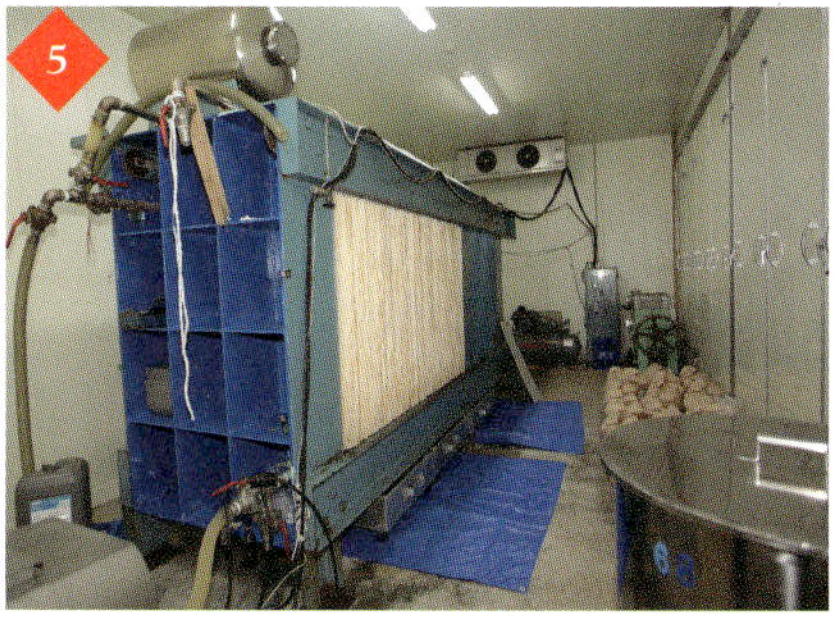

4.槽からしぼられた酒を直接瓶に入れている。これは「槽場直詰め 生原酒」ということになり、泉橋酒造では毎年1～3月に『とんぼラベル（新酒）』として発売している。5.「ヤブタ」と呼ばれる自動圧搾濾過機。空気圧を使ってしぼる仕組みで、安定したしぼりが可能。6.粗い目の布で濾すなどにより、滓（おり）を残したにごり酒としてしぼることも。7.通常は上槽の後で火入れをし、貯蔵タンクに入れる。そうして熟成させた後、再び火入れをして秋以降に出荷する。

酒は「生原酒《なまげんしゅ》」と呼ばれます。フレッシュな味わいで最近人気が高いお酒でもあります。一般的なお酒はしぼった後で濾過《ろか》し、一度火入れしてタンクなどに貯蔵して、しばらく寝かせます。濾過や火入れをすることで、殺菌とともに味を落とすような酵素の働きを抑え、酒質を安定させることができるからです。

　そして出荷前に加水してアルコール度数を下げ、もう一度火入れしてから瓶詰めし、ラベル等を貼って出荷ということになります。ひと夏寝かせて秋になってから出荷されるお酒は「ひやおろし」や「秋あがり」と呼ばれ（48ページ参照）、しぼりたての生原酒とは対照的な熟成された味を楽しむことができます。

　この二度にわたる火入れを行わないのが「生酒」（47ページ参照）ですが、濾過もしない「無濾過生《むろかなま》」は劣化の危険性が高いので、冷蔵で流通することが必要になります。流通が発達した現代だからこそ、楽しめるようになったお酒だとも言えるでしょう。

1.酒蔵に隣接した「酒友館」では、泉橋酒造の酒を試飲したり買うことができる。土蔵を改装した落ち着いた店内は、生産者や酒販店の交流の場にもなっている。2.「酒友館」の前にある地下水のポンプ。ここの水は関東では珍しい硬水で、辛口の酒に合っているという。

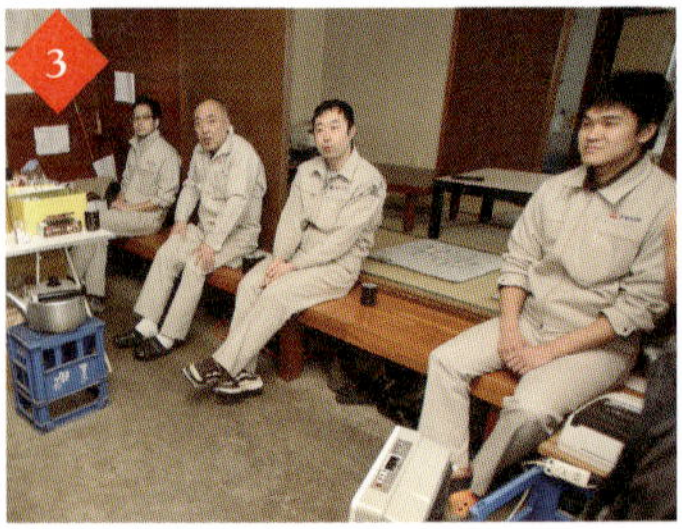

3.休憩時間に寛ぐ蔵人達。仕込みの時期は皆、泊まり込みで作業している。

「日本酒ができるまで」のリポート、いかがだったでしょうか？　蔵での一日はお酒ができる工程の順番で進むわけではありません。早朝の蒸米に始まり、多種類のお酒のさまざまな工程を、複合的に進めていきます。その流れるような作業の進行具合は、見事と言うしかありません。

　私もほんの少しだけですが、蔵人の方々のご苦労に触れることができました。仕込みの時期は早朝から深夜まで泊まり込みの作業になるため、「まるで合宿のよう」とお話されていましたが、大変な作業の中でもチームワークの良さが感じられ、それが素晴らしいお酒につながっているのだなと思いました。

　蔵元の橋場社長は杜氏も兼ねているため、経営のことだけでなく、技術的な研究も怠りません。毎日醪を少しずつとって、日本酒度や酸度などの分析を行うそうですが、「大学は文系でしたけど、醸造を研究するのは非常に楽しいですね」とのこと。そうした探究心や努力により、私達が美味しいお酒を飲めるわけで、改めてお米の生産者や蔵の方達に感謝したいと思います。

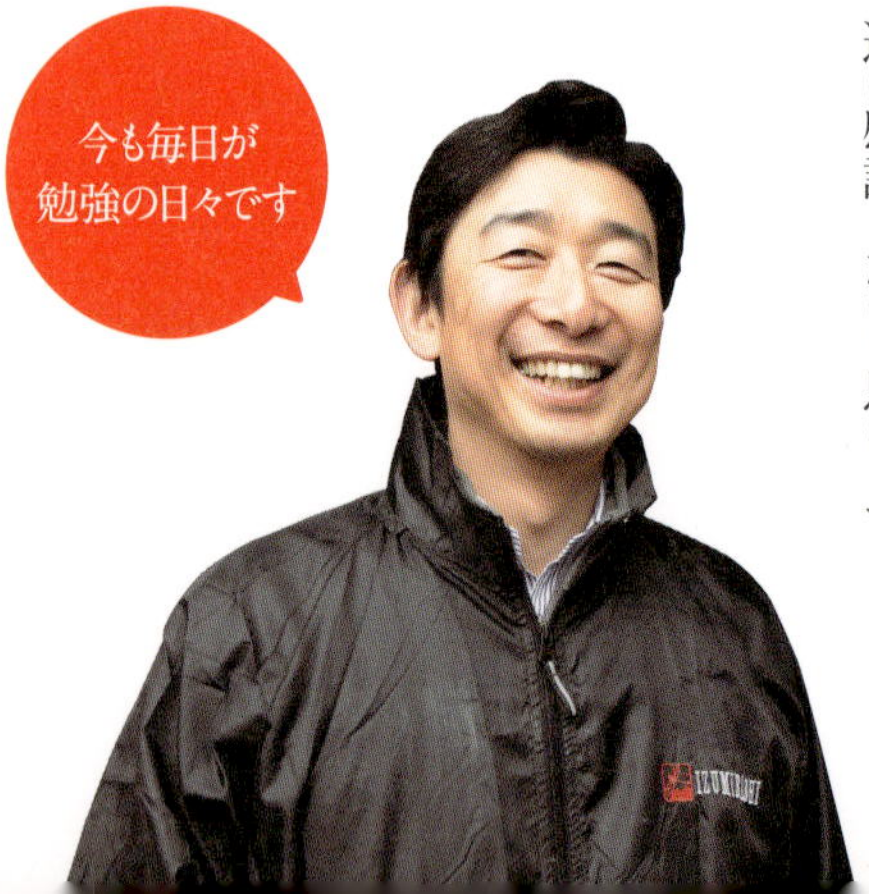

第3章

日本酒と料理のマリアージュ

日本酒にとってのマリアージュとは？

さまざまなタイプの日本酒と料理の相性を考える

左：代表的な和食である天ぷらは、香り高いあっさりした酒がよく合う（『粋酔』日本橋東京店にて）
中：ワインのイメージが強い肉料理だが、酸味、旨味のある日本酒との相性がいい（『にほん酒や』にて）
右：黄身の醤油漬けと白身の中華スープゼリー。玉子は日本酒と相性抜群（日本酒庵『吟の杜』にて）

さまざまなタイプがある日本酒、和食だけでなく肉やチーズなど幅広い料理にマッチする

ワインと料理の相性の良さを表す言葉としてよく用いられる〝マリアージュ〟。相性の良さというのは、フルーティーな料理にフルーティーなワインを合わせる、というようなバランスの良さだけではない。香りのきついチーズに極甘口のワインなど、違う味同士のものがぶつかった時に、思わぬきらめきを見せることがある。それがマリアージュの面白さ、楽しさなのだ。

ワインと同じく、食中酒として親しまれてきた日本酒でも、マリアージュが盛んに言われるようになってきた。「日本酒と言えば和食」というだけでなく、イタリアンやフレンチ、中華などに日本酒を合わせるのも普通のことになってきている。

食材についても、刺身や野菜の煮物といった和食系のものだけでなく、肉料理、フルーツ、さらにはチーズやチョコレートなどに日本酒が合わせられることも。シャンパンのようなスパークリング系のお酒や、貴腐ワインのような貴醸酒なども続々と登場し、マリアージュの幅はどんどん広がっている。

日本酒のタイプ分けを知る

マリアージュを考える時に、まず日本酒の味わいの種類を知っておくことが大切。その違いによって、合う料理、合わない料理もある程度判断できる。

日本酒の裏ラベルには、たいがい「日本酒度」と「酸度」が書かれている(42ページ参照)。日本酒度の数字が大きい(+)ほど辛口になり、小さい(−)ほど甘口になる。

酸度は文字どおり乳酸やコハク酸など酸の総量を示す数字。基本的には多いほど旨味とコクのある濃醇な味わいになり、少ないと軽い淡麗な味わいになる。

この「日本酒度」と「酸度」を2つの軸にして、お酒の特徴を表したのが表1。酸度が低くて日本酒度が高いのが淡麗辛口、酸度が高くて日本酒度が低いのが濃醇甘口など、4つのタイプに分けられる。

もうひとつの分類の仕方として、「香り」と「濃淡」に注目したのが表2。一般的に〝吟醸香〟と言われるように吟醸系は香り高く、また米を磨くために雑味のない淡い味わいになる。逆に生酛造りの純米酒などは、香りは高くないが、どっしりとした旨味のあるお酒になる。

そうした特徴ごとに、どんな料理が合うかも表に書いたが、もちろんこれがすべてというわけではない。大吟醸酒の中にもいろんなタイプがあるし、米や酵母の酒類や、生酒か火入れかなどの製造方法の違いによって、お酒の味はさまざまに変化する。あくまでも大まかな特徴としてとらえてほしい。

次のページから、具体的な日本酒の銘柄を挙げながら、さまざまな料理とのマリアージュを実際の料理店でのアレンジにより紹介していく。

日本酒にはさまざまなタイプがあり、それによって相性の良い料理も変わってくる。

①『酉右衛門』(川村酒造店)の超辛口純米酒。日本酒度が+14
②『醸し人九平次』(川村酒造店)の精米歩合50%の純米大吟醸
③『梅津の生酛』(梅津酒造)。アルコール度数18〜20度の生酛原酒
④『奈良萬』(夢心酒造)の純米の無濾過生原酒。ジューシーな味わい

表1 日本酒度と酸度による甘辛濃淡図

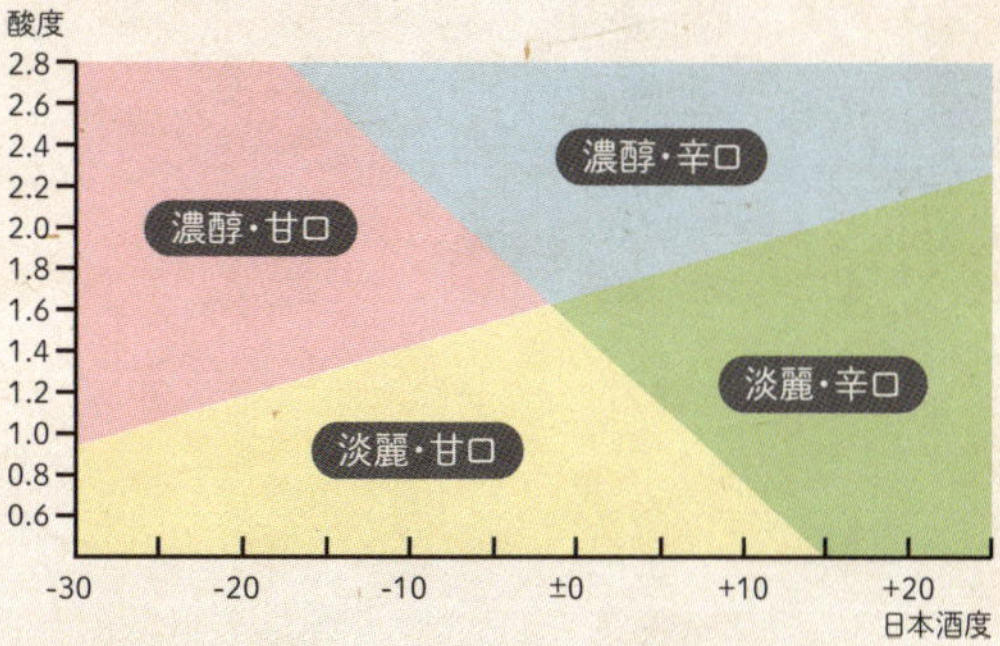

表2 香りと味の濃淡による日本酒のタイプ分け

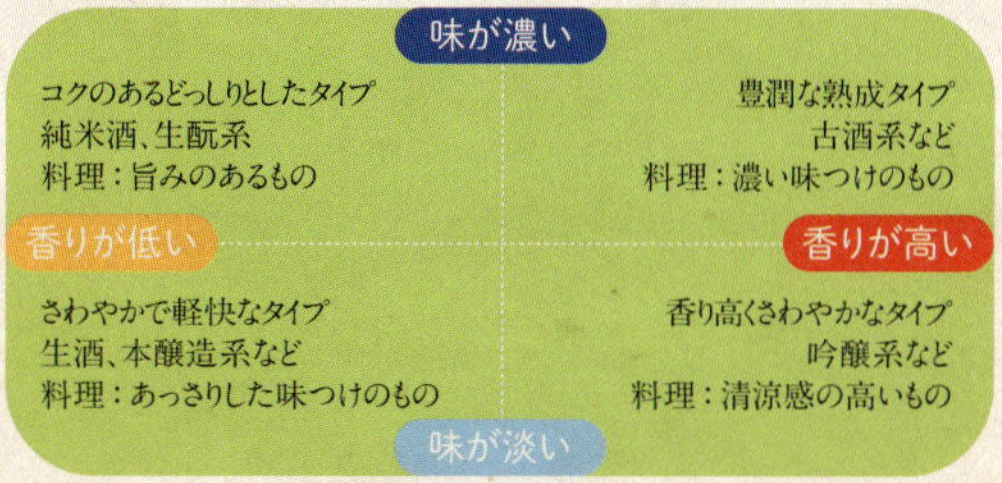

100種類の日本酒からチョイス

純米酒専門『粋酔』による日本酒と料理のマリアージュ

「この料理、おいしそう！ でもどのお酒を選んだらいいの?」。日本酒メインのお店でメニューを見て、こんな思いをしたことある人も多いのでは? とくに飲んだことのないお酒がたくさんあるような日本酒専門店だったら、なおさら。

でもそういう専門店だったら、お店の人はよくお酒のことを知っているはず。遠慮なくどんどん質問して、食べたい料理に合うお酒、あるいは飲みたいお酒に合う料理をアドバイスしてもらうといい。

ここでは常時100種類もの日本酒を用意している純米酒専門店『粋酔』日本橋東京店にて、日本酒と料理のマリアージュの例を挙げてもらった。

刺身、天ぷら、肉料理といった料理にどんなお酒を合わせると、より美味しく飲み、食べることができるのか。唎酒師の資格を持つ稲村亮太さんのアドバイスにより、魔法のようなマリアージュに触れていただきたい。

置いてあるお酒の酒類は常時変わるので、毎週行っても飽きることはない。

またお酒によってワイングラスにしたり、ぐい呑みにしたりという酒器のアドバイスや、同じお酒を冷蔵とお燗で飲み比べるなど、日本酒の奥深さ、幅広さを感じさせてくれるはずだ。

右：唎酒師（ききざけし）の資格を持つ稲村亮太さん。豊富な日本酒の知識で的確なアドバイスをしてくれる
下：料理も担当する栗林悠店長。定番のもの以外に、季節ごとにメニューを変えている

純米酒専門『粋酔』
日本橋東京店：東京都中央区日本橋3-7-10 タンペイ日本橋ビルB1
TEL: 03-3273-4011

右（白身用）：

『伯楽星 東条秋津山田錦 純米大吟醸』

（新澤醸造店）

兵庫県特A地区東条秋津産の特上山田錦を29%まで磨いた伯楽星シリーズの最高峰。メロンのようなフルーティーな香りと、なめらかで上品な口当たりが特徴。

左（赤身用）：

『山の井 純米原酒 五百万石 60』

（会津酒造）

五百万石を使用して60%磨き、加水をしていない純米原酒。骨太ながら酸の利いた酒質に仕上げられ、柔らかな甘みとほどよいコクを持っている。


日本酒に合う料理というと、真っ先に浮かぶ刺身。ワインで生の魚介類を合わせると時に生臭く感じるが、日本酒ならばそういうこともない。だけど、刺身と言っても白身魚、赤身魚、貝などさまざま。それぞれにぴったりのお酒も違ってくる。「真鯛のような白身魚は、米を磨いて雑味をとった、きれいな味わいの大吟醸酒がいいですね。フルーティーで、ある程度香り高いものでもいいと思います。旨みのあるマグロなどの赤身の場合は、それに負けないコクのあるタイプのほうが適しています」（稲村さん）

刺身×
上品な大吟醸（白身）
旨味のある純米原酒（赤身）

刺身盛り合わせ（通常は要予約）
奥から時計回りにホタテ、カンパチ、マグロ、真鯛

サバの燻製×コクのある純米酒

右：『石見銀山 特別純米酒 改良八反流』（一宮酒造）
幻の酒米と言われた「八反流」を復活させた地元・島根の農家と協力して造り上げた特別純米酒。心地よい香りとおだやかな味わいを持っている。
左：『國香 特別純米酒』（國香酒造）
五百万石80%、山田錦20%とブレンドさせた、精米歩合60%の特別純米酒。ほど良い甘さと、しっかりとしたコクが調和したバランスの良い一本。

金華さばの燻製 生ハム風
脂の乗った金華サバを桜のチップでスモーク

サバはサンマやイワシなどとともに一般的に「青魚」と言われるが、それは見た目からきた通称。赤身魚と白身魚の分類は、色素たんぱく質の量によって分類され、その量の多いサバなどはマグロと同じく赤身魚に分類される。「〆サバにしてもこの燻製にしても、サバに合わせるお酒はほぼマグロと同じく考えていいです。赤身魚の脂に負けない、旨味が乗ってくるようなコクがある酒が合います。香りは抑えめで、旨味のある純米酒との相性がいいでしょう」（稲村さん）

チーズ×
乳酸の多い生酛系、生原酒

いぶりがっこチーズ
いぶりがっこをクリームチーズと味噌で和える

右：『川鶴 讃州さぬきよいまい65 限定直汲み 純米無濾過生原酒』（川鶴酒造）
地元・香川が生み出した独自の酒造好適米「さぬきよいまい」を精米歩合65%で使用、「直汲み」した生原酒。さわやかな香りと旨味が楽しめる。
左：『遊穂 山おろし純米 特別純米酒』（御祖酒造）
地酒専門店向け限定銘柄として誕生した『遊穂』。山おろしというのは生酛ということ。日本酒の旨味と綺麗でバランスの取れた酸が特徴の食中酒。

チーズも日本酒も、乳酸を発酵させて造られるもの。当然相性が良く、最近ではワインではなく日本酒にチーズ、というのも珍しくなくなった。チーズの酒類によって相性のいいお酒も変わってくるが、発泡系や古酒なども試すと面白い。「チーズだけでなく、いぶりがっこの食感も楽しんでもらう料理ですが、チーズの酸に合った酸っぱいお酒がいいですね。生酛・山廃や、生原酒などで酸の立ったお酒と合わせると美味しさが引き立つでしょう。生原酒でもお燗にしても面白いと思います」（稲村さん）

鶏肉料理×
酸の立った甘味のある酒

鶏もも肉の塩麹焼
旨みのあるもも肉を塩麹に漬け込んで焼き上げる

右:『笑四季 特別純米 Sensation』
(笑四季酒造)
挑戦的な酒造りの笑四季酒造のエントリーモデル。黒ラベルと白ラベルがあり、それぞれに生酒と火入れを揃えている。黒ラベルは酸の多い辛めの口当たり。
左:『亮 特別純米 生酒 河津桜酵母仕込み』
(中沢酒造)
十一代目蔵元の鍵和田亮さんが自ら、蔵近くの西平畑公園にある河津桜から花酵母を採取、地元産の米である若水を用いた生粋の地酒。

牛肉や豚肉、鶏肉などは、20種類ものアミノ酸からなるタンパク質を豊富に含んでいる。それにより旨味がたっぷりなので、お酒もアミノ酸や乳酸が感じられ、ジューシーで旨味のあるタイプとの相性がいい。「ジューシーなもも肉を塩麹に漬け込むことで、肉の柔らかさを引き出している料理です。旨味があるので、お酒も乳酸が多く、香りも厚みもあるというタイプがいいですね。上の2本のほか、新政の『No.6』(91ページ参照) などもぴったりはまります」(稲村さん)

天ぷら×香り立つ吟醸酒・原酒

まいたけとキスの天ぷら
香り豊かなまいたけとさっくりしたキスの天ぷら

右：『一歩己（いぶき）純米原酒』（豊国酒造）
若き蔵元の手により、平成23年の冬から醸し出された銘柄。無濾過生原酒と火入れした純米原酒がある。優しい香りと芳醇な味わいが特徴。
左：『楯野川 純米大吟醸 清流』（楯の川酒造）
山形県オリジナルの酒造好適米「出羽燦々」を用いた純米大吟醸。若々しく爽やかな果実のような香りと酸味、さらりとした優しい後味のお酒。

和食の定番とも言える天ぷらは、日本酒との相性が良い。からっと揚がった天ぷらなら、どんな日本酒とも合うが、脂を流すという意味では淡麗なタイプが向いている。塩で食べるならば辛口、天つゆで食べるならば甘口が合う。「天ぷらの場合、素材の違いよりもむしろ衣との相性だと思います。刺身のように素材によっての向き不向きを考えなくていいでしょう。きれいだけど香り立つあっさりめのお酒などがピッタリ。香りも楽しめるようにワイングラスで飲むのをおすすめします」（稲村さん）

コロッケ×
ソースに合う原酒

クリームコロッケ 濃厚かにみそソース
クリームコロッケに特製蟹みそソースをつける

右：『結（ゆい）びぜんおまち 亀口直汲み特別純米生原酒』
（結城酒造）
岡山県で無農薬栽培された雄町を50%まで磨き、低温で丁寧に醸した大吟醸レベルの特別純米酒。果実のような香りと繊細な味わいが特徴。
左：『灘菊ロック 純米原酒』
（灘菊酒造）
山田錦20%、兵庫夢錦80%を用いて65%磨いた純米原酒。5月発売の季節商品として、女性杜氏・川石光佐さんにより醸されている。

コロッケのような洋風の揚げ物は、日本酒にあまり合わないイメージだけどそんなことはない。香り高い大吟醸などの場合、衣の焦げ具合などの欠点が気になることがあるが、クリームコロッケの中のホワイトソースは大吟醸にもよく合う。
「市販のソースではなくて蟹みそソースなのでこってり感がありますが、それがまた日本酒に合います。コロッケの場合、脂を流すイメージで、淡麗辛口も合うでしょう。スパークリング系も後味良く食べられるかと思います」（稲村さん）

ひと夏貯蔵して熟成させ、秋に発売する秋あがり・ひやおろしの数々。料理とともに撮影しているのが『播州一献 純米吟醸 無濾過原酒 ひやおろし』(山陽盃酒造)。
上の写真の右から、『出雲富士 純米ひやおろし 秋雲(AKIMO)』(富士酒造)、『七田 純米七割五分磨き 愛山 ひやおろし』(天山酒造)、『ゆきの美人 純米吟醸 愛山麹 ひやおろし』(秋田醸造)、『町田酒造 純米60 秋あがり』(町田酒造)

サンマ×
熟成感ある秋あがり・ひやおろし

サンマの幽庵焼き
一口サイズの妻折にしたサンマを幽庵焼き

日本酒には、新酒、夏酒、秋あがりなど四季折々のお酒がある。味わいもそれぞれの季節の食べ物に合っており、季節感が楽しめる。ひと夏の間熟成させて秋に販売する秋あがり・ひやおろしは、サンマやきのこなど秋の味覚にぴったり。「幽庵焼きは、醤油、酒、味醂をあわせて、ユズの輪切りを加えた漬けダレに漬けてから焼く料理。コクのあるお酒と合うので、サンマと同じく秋の風物詩である秋あがり・ひやおろしとの相性が抜群です」(稲村さん)

『にほん酒や』による
日本酒と料理のマリアージュ

料理に合わせたさまざまなタイプの燗酒

日本酒には「燗上がり」と言われるように、お燗するとさらに美味しくなるというお酒がある。温度を上げることで、おだやかな香りが広がるとともに、お酒の旨味が増して、よりいっそう豊かな味わいになる。ここではお燗には定評のある東京・吉祥寺『にほん酒や』の協力により、料理によってどのようなタイプの燗酒が合うかを探ってみよう。

『にほん酒や』は数多くの銘柄のお酒を置くよりも、同じ蔵元のお酒を複数置き、料理によって飲み比べたり、温度を変えて飲んだりしてもらうというのが基本。オーナーは青森の農家出身の高谷謙一さんで、「食中酒として料理とともに楽しんでほしい」ということで、料理にも力を入れ、仕入れによって毎日メニューが変わる。

燗酒に用いる酒器は、基本的に陶器の平盃のみ。これを手に取りやすいように盃台の上に乗せて頂くというスタイル。

「平盃は最大公約数的にお燗を美味しく飲める酒器。ただそのままだとお酒をつぎにくいし、見た目の良さもあって盃台《はいだい》を使ってます」（高谷さん）。

お燗の温度はそのお酒と料理に合わせてつけてくれるので、どうしても好みの温度にしたいという場合以外は、お任せにしたほうがいいだろう。

お燗の温度も含めて、高谷さんに燗酒と料理のマリアージュをガイドしてもらおう。

右：カウンター内で料理する高谷オーナー。出身地の青森からも食材が送られてくる
下：「日本的な文化に親しんでほしい」との思いも込めて、見た目も美しい盃台や錫の徳利を用いているとのこと

お燗番を務めるのは、看板娘の美和さん

『にほん酒や』
東京都武蔵野市吉祥寺本町2-7-13 レディーバードビル101
TEL: 0422- 20-1722

右：『十旭日 純米吟醸原酒
山田錦55 18BY』
（旭日酒造）
平成18酒造年度に山田錦を55％まで磨いて醸し、8年熟成させた原酒。濃醇な原酒の味わいが、8年の熟成により角がとれて円やかに成熟している。
左：『秋鹿 純米古酒 二〇〇〇年上槽』
（秋鹿酒造）
米を自社栽培している秋鹿酒造が、山田錦を55％まで磨いて2000年に上槽、じつに14年のときを経た純米古酒。黄金色に輝く深みある長期熟成酒。

レバーペースト×熟成された古酒

村越シャモロックのレバーのブリュレ
ブリュレをかけたレバーペーストをクッキーに乗せて

お燗の温度：
『十旭日 純米吟醸原酒』＝60度
『秋鹿 純米古酒』＝55度

「砂糖をまぶしてキャラメリゼしたレバーのブリュレ。甘味を入れていないクッキーに乗せて食べるという料理です。かなりコクのある味なので、お酒も熟成された古酒タイプが合います。若々しいお酒だと渋く感じてしまいがちなので。熟成酒はほど良い甘味があって香ばしいので、香りの相性がいいですね」（高谷さん）

アボカド×
生酛系のふんわりした生酒

アボカドの味噌漬け
生のアボカドを酒粕で割った味噌に漬け込む

右：『十旭日 純米生原酒 生酛
改良雄町70』
（旭日酒造）
天然の乳酸により酒母を育てる、生酛造りによる純米生原酒。生酒のフレッシュな味わいに、厚みのある旨味が加わっている。地元産の改良雄町を使用。
左：『奥播磨 山廃純米 生
山田錦八割磨き』
（下村酒造場）
精米歩合80%という低精米の山廃純米による生酒。甘み、渋み、酸が心地よく広がり、どっしりとした米の旨味と生酒のフレッシュな味わいが楽しめる。

お燗の温度：
『十旭日 純米生原酒 生酛』＝60度
『奥播磨 山廃純米 生』＝55度

「アボカドの柔らかい口当たりには、火入れしたお酒よりも、生酒のほうが合いますね。ふわっとしてふっくらしたタイプの生酒との相性がいいです。そしてアボカドは『森のバター』と言われるくらい栄養分があって、こってりした味が特徴ですが、それに負けないような旨味のある生酛・山廃系のお酒と一緒に楽しんでみてください」（高谷さん）

右：『竹鶴 純米酒 秘傳』
（竹鶴酒造）
地元広島で生まれた酒米、八反錦を65%磨いた竹鶴の定番的な純米酒。お米の旨味が口中に広がり、軽快な酸味によって後口がすっきりしている。
左：『冨玲 特別純米』
（梅津酒造）
「フレー！ フレー！」という応援の言葉から生まれたという『応援之酒 冨玲』。生酛造りで5年間熟成、まろやかな深い味わいと余韻が感じられる。

いくら×
しっかりした酸味の熟成酒

塩いくら
いくらをシンプルに塩漬けにしたもの

お燗の温度：
『竹鶴 純米酒 秘傳』＝60度
『冨玲 特別純米』＝65度

「いくらなど魚卵は油分でできていますが、油分はコクがあります。これに淡麗辛口のような軽い酒を合わせると、油分が重たく感じられてしまいがちです。そうした魚卵に対しては、しっかりとした旨味があって、熟成感のあるお酒が合います。お燗の温度を上げるほど酸味が立ちますが、芯がしっかりしているお酒であれば、温度を上げても崩れることはありません」（高谷さん）

牛肉×
腰のあるしっかりした
純米酒

黒毛和牛ソテー
柔らかい赤身の希少部位、「いちぼ」をソテー

右：『竹鶴 純米酒 生酛』
（竹鶴酒造）
伝統的な生酛造りにより、旨み成分となるアミノ酸を豊富に含んでいる。竹鶴らしいボディーのしっかりした味わいで、包み込むような旨味がある。
左：『神亀 純米 辛口』
（神亀酒造）
最低でも2年間熟成してから出荷する神亀酒造の基本となる純米酒。辛口といっても熟成から来るしっかりとしたコクがあり、濃厚な米本来の旨味を感じられる。

お燗の温度：
『竹鶴 純米酒 生酛』＝65度
『神亀 純米 辛口』＝50度

「肉料理はどんな料理の仕方をしても日本酒に合います。日本酒は幅広く、こってりした料理には濃醇なお酒を、あっさりした料理にはきれいなお酒を合わせればいいので。いちぼは脂は少ないですが旨味がたっぷりなので、お酒も熟成感のある、旨味が豊富な純米酒がいいでしょう。神亀はぬる燗程度ですが、味のバランス的にこのくらいのほうがさらっと飲めていいと思います」（高谷さん）

第4章

進化し続ける日本酒の蔵元

栃木の蔵人を訪ねる旅
酒蔵見学に行こう！

日本酒に親しむよい機会が、酒蔵見学。どんなふうにお酒が造られるのか触れることで、日本酒の素晴らしさをより深く知ることができるはず。あおい有紀さんが定期的に実施している酒蔵見学ツアーの模様を紹介しよう。

全国に千数百ある日本酒の酒蔵。どの蔵も、「より美味しい酒」を目指し、それぞれのこだわりを持って酒造りに励んでいる。真冬でも朝早くから夜遅くまで、蔵人たちは一生懸命働いているけど、そんな酒造りに触れることができるのが、酒蔵見学。

酒蔵によって、見学OKのところとNGのところがあり、行きたい蔵があっても、まずはそれを調べることが先決。そしてOKの場合でも、必ず予約を入れること。その他、酒蔵見学するときの注意点は、82ページ上の表を見てほしい。

友人同士など個人で見学に行く以外に、団体ツアーに参加するのもおすすめ。いろんな酒蔵を組み合わせたり、食事や宿泊もセットになったり

あおい有紀と行く
「神楽×酒蔵くらくらツアー♪」の一日

10:00
東京・池袋駅出発

11:30
栃木県小山市・小林酒造到着

五代目蔵元・
小林正樹氏
鳳凰美田であまりにも有名な蔵

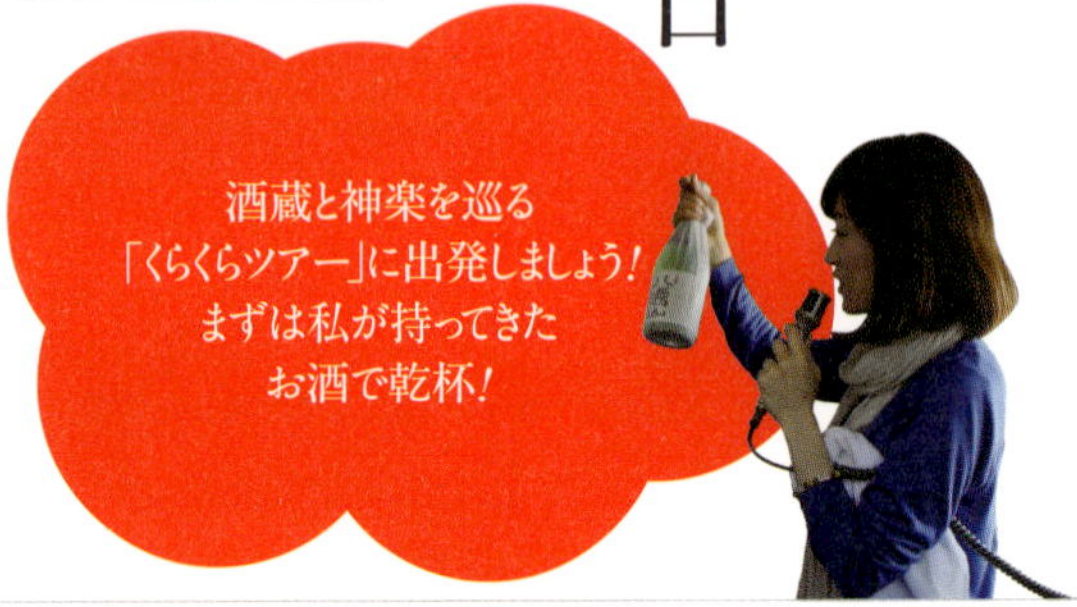
酒蔵と神楽を巡る
「くらくらツアー」に出発しましょう！
まずは私が持ってきた
お酒で乾杯！

していることも多いので、苦労せずに酒蔵見学を楽しむことができる。

栃木の三つの酒蔵を見学

あおい有紀さんが主催する「神楽×酒蔵　くらくらツアー♪」は、酒蔵見学にプラスして、神楽も楽しむというユニークなツアー。

神楽は『古事記』の天岩戸の段で、アメノウズメノミコトが踊ったのが起源とされる伝統ある神事。ここでは、栃木県内の三つの酒蔵を巡り、足利市の樺崎八幡宮にて、岩手県の霊峰・早池峰山に伝わる早池峰大償神楽を観賞するというツアーの模様をリポートする。

12:30
小山市・若駒酒造到着

六代目蔵元・
柏瀬幸裕氏
ドラマ『仁』のロケに使われた風格ある蔵

15:30
栃木県佐野市・第一酒造到着

十二代目蔵元・
島田嘉紀氏
340年の歴史を持つ栃木県最古の蔵

17:00～20:00
足利市・樺崎八幡宮で神楽観賞

試飲や利き酒は酒蔵見学の大きな楽しみの一つ。ただし実施していない蔵もあるし、OKの場合でも飲み過ぎないように注意！

あおいさん主催のイベントはつねに女性が多く、一人で参加する女性も珍しくない。竹山千恵さん（左）はあおいさんの試飲会に参加したのがきっかけ。元々はビール党だったけど、フルーティーな日本酒の魅力にすっかりはまったとのこと。河内貴子さん（右）は都内の銘酒居酒屋で、偶然あおいさんと隣合わせたのが最初の出会い。酒蔵見学をしたことがなかったので、面白そうと思って参加したそう。初対面だった2人も、ツアーを通してすっかり仲良しに。

第一酒造にて記念撮影。参加者23人のうち、半数以上の13人が女性

●すべて吟醸造りの鳳凰美田

小林酒造

朝10時に東京・池袋駅西口を貸切バスで出発。まずは、あおい有紀さんが一日のスケジュールを説明。それが終わると、あおいさんは早速秘蔵のお酒を取り出し、早くも試飲がスタート（笑）。数種類の一升瓶を回し、車内はすっかり日本酒モードに。

　1時間半ほどで、小山市の小林酒造に到着。通常は個人・団体にかかわらず酒蔵見学を受けつけていないが、今回は特別に蔵内を見せてもらえることになった。

吟醸造り専門の蔵として建て直した五代目蔵元の小林正樹専務（右）。あおい有紀さんとは旧知の間柄

　小林酒造は明治5年（1872年）の創業。10数年前に廃業の危機に陥ったものの、五代目蔵元の小林正樹専務が一念発起。吟醸酒、大吟醸酒メインの酒蔵を目指し、少しずつ設備を整えていったとのこと。

　そうして生まれたのが、芳醇な香りで今や絶大な人気を誇る「鳳凰美田」。元々蔵のあったところは、日光連山の伏流水に恵まれた美田村という米の産地だったことから、そう命名されたそう。

　小林酒造では3000石（1石＝一升瓶100本）ほどの日本酒を作っているが、そのすべてが吟醸造り。また、吟醸酒をベースにした、ゆず・いちご・桃酒など、風味豊かなリキュールも造っており、女性から絶大な支持を受けている。

通常は見学不可の蔵内に潜入

ニコニコと人なつっこい笑顔を

蔵内で小林専務の説明を熱心に聞く参加者たち

酒造見学のルールとマナー

- ツアー以外では、蔵のホームページ等で見学可能かどうかチェックして、必ず予約を入れる。キャンセルする時は必ず連絡を入れること。
- 蔵内は滑りやすい箇所もあり、スリッパに履き替えることもあるので、スニーカーなど歩きやすい靴で行くこと。
- 大きな荷物は邪魔になるので、最初に預けること。貴重品はショルダーバッグなどに入れて持ち歩く。
- 日本酒は香りも大切。強い香水などをつけていくと皆の迷惑に。
- 案内してくれる人の指示に従い、蔵で働く人たちの邪魔にならないようにすること。大声で騒いだりせず、また携帯電話はマナーモードにしておく。
- タンク内を見せてもらえる場合、髪の毛や持ち物を落さないようにすること。
- 無料や有料の試飲をさせてくれる蔵も多いけど、がぶ飲みして酔いすぎないこと。水のペットボトルを持っていって、頻繁に飲むように。
- 納豆は酒造りに重要な役割を果たす麹菌の大敵。前日や当日朝に食べてこないように。

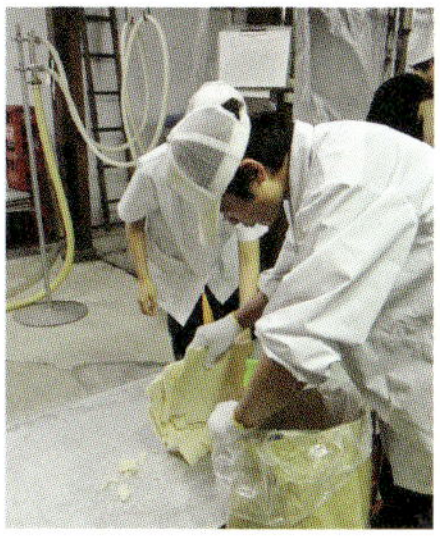

左：甘い果実の匂いを漂わせる醪。仕込みのタンクへの櫂入れは毎日欠かせない作業
右上、下：酒をしぼり終わった槽から酒粕を取り出し（上）、その酒粕を袋詰めする（下）。複雑な工程を経る酒蔵ではさまざまな仕事がある

明治5年創業の歴史を感じさせる外観。◯に越のマークは当時の屋号

見せて現れた小林専務。まずは蔵の前で挨拶してから、蔵の中を案内してくれる。5月だとほとんどの蔵が仕込みを終えているが、つねに品薄状態が続く小林酒造では、徹底した温度管理により、まだ仕込みを行っている最中。

蔵に入ってすぐの部屋では、酒をしぼった後にできた酒粕を蔵人が袋に詰めている。仕込み部屋に入ると、蔵人がタンクに櫂入れ（59ページ参照）をしており、タンク内の醪は、まるでパイナップルのような、なんとも言えない香りを漂わせている。香りだけで幸せな気分になりそう。

ふだんは一切見学ができないにもかかわらず、この時期でも蔵人達が立ち働く様子が見られて、非常に貴重な時間を過ごすことができた。

1時間ほどの見学が終わり、続いて同じ小山市内にある若駒酒造に移動。小林専務も後から合流し、若駒酒造にて鳳凰美田も試飲できるとのこと。後のお楽しみも2倍ということになった。

「鳳凰美田　純米吟醸雄町　生詰」。香り高い鳳凰美田はワイングラスで供されることも多い（吉祥寺『吟の杜』にて）

左上：「JIN 一仁」のロケで使われた部屋には出演者のサインなども展示
左下：江戸時代から伝わる木樽。現在も「かねたまる 純米大吟醸」の仕込みに使われている
右：薄暗くひんやりとした蔵の中。「佐瀬式」と書かれているのは、酒をしぼるための槽（ふね）

若駒酒造

◉有形文化財の蔵で最先端の酒を

　両毛線の思川駅にほど近い若駒酒造に移動。バスを降りると、麦畑の向こうに古めかしい蔵が見える。若駒酒造は、創業万延元年（1860年）という歴史ある蔵。明治初期に建てられた建物は、文化庁の登録有形文化財に指定されており、現代の医師が幕末にタイムスリップというテレビドラマ、『JIN－仁』のロケで使われたことでも知られている。

　伝統を感じる雰囲気たっぷりの外観に、参加者も皆、驚きの声。しかし蔵で出迎えてくれたのは、そんな雰囲気とは裏腹な今風な青年、六代目蔵元の柏瀬幸裕さん。次男であったために元々蔵を継ぐ気はなかったが、お兄さんが歯科医となったために蔵に入ることになったそう。

　しかし最盛期と比べると生産量は十分の一程度になっていたため、まず「風の森」で知られる奈良の油長酒造で二年間修行。それまでほぼ地元での消費のみだったけど、地酒専門店向けに「若駒」ブランドの

風に揺れる麦畑の向こうに見える風情ある蔵。文化庁の登録有形文化財に指定されている

酒を造り始めた。酒造りは幸裕さんのほかにご両親と蔵人が1人の4人のみ、生産量は200石程度だが、「若駒」は東京を中心に人気銘柄に成長してきている。

歴史を感じさせる情緒ある蔵

薄暗い蔵に入ると、ひんやりとした空気に包まれる。幸裕さんは独身をアピールしながら、ユーモアたっぷりに蔵を紹介。米はあえて山田錦は使わず、雄町と五百万石、そして栃木産の「あさひの夢」など地元の米も使用しているとのこと。無濾過生原酒のみの「風の森」にならって、「若駒」も原酒中心。搾りは昔ながらの佐瀬式の木槽（60ページ参照）と袋吊りにより、丹念な酒造りを行っている。

『JIN-仁』のロケで使われた部屋には、その時の写真や資料、大沢たかお、綾瀬はるかをはじめ出演者のサインも展示。ペニシリンを製造するヤマサ醤油のシーンが撮影されたとのこと。

蔵をひと通り見た後は、お待ちかねの試飲タイム。小林酒造の小林専務も合流して、「鳳凰美田」と「若駒」を何種類かずつ頂く。「若駒」は〝きれいな旨味と透明感のある酸〟をテーマにしているとのことで、フルーティーな味わいは非常に上品。幸裕さんの情熱が感じられる。

五代目蔵元の福一郎さんと女将さんの英子さんに見送られて、昼食会場のお蕎麦屋さんに移動。幸裕さんと小林専務を交えての雑談も楽しいランチタイムとなった。

試飲をする部屋にある展示棚。ドラマで使用された「仁友堂」の看板が飾られている

青リンゴのようにさわやかな『若駒 純米大吟醸 斗瓶取り 生原酒』

栃木の酒の魅力とは？

Q 栃木の酒はどんな特徴があるでしょう？

柏瀬：非常に個性的な酒を造っているところが多いですね。こんなにバラエティーに富んでいるところはないくらい。

小林：東京が近いので情報が入ってくるのは早いし、日本全国の蔵元さんとも交流しやすいけど、田舎は田舎なんで造りの環境は整っている。その意味でいろいろ実験的なこともやりやすいと思いますね。

Q 秋田のNEXT5のように、グループとなって活動するというようなことは？

小林：それは栃木県全体でやってますね。昔は隣の蔵でも交流がなかったけど、懇親会等でオーナー蔵元同士が集まる機会も多くなり、それが元となって下野杜氏組合（87ページ参照）も立ち上がりましたし。

柏瀬：東京でセミナーや利き酒会も行って好評ですし、多くの方に栃木の酒に親しんでほしいと思います。

小山市の酒蔵仲間としてふだんから仲の良い小林酒造小林正樹氏（左）と若駒酒造柏瀬幸裕氏

◉米作りにこだわる県下最古の蔵

第一酒造

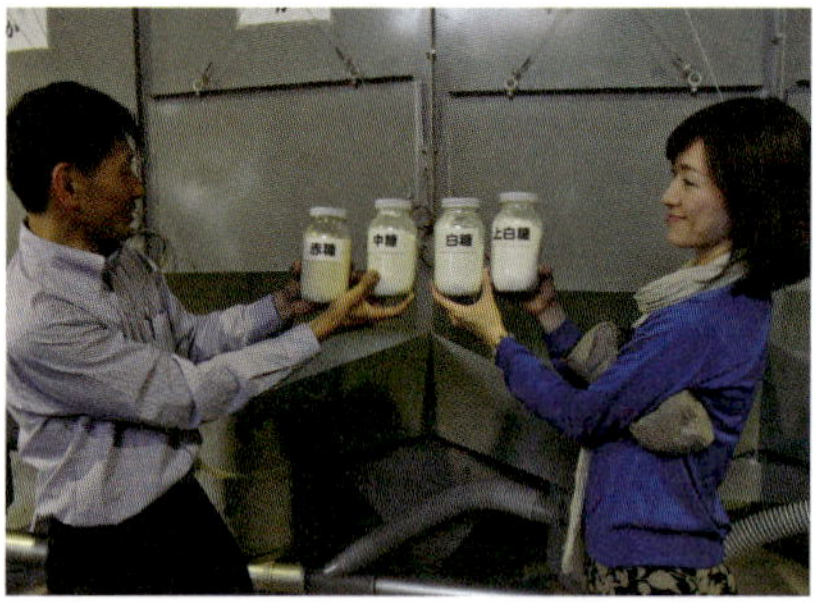

精米歩合の違いによる米糠（こめぬか）の変化を説明する島田社長

昼食後、バスは西に向かって佐野市へ。二つめの酒蔵は、創業延宝元年（1673年）、340年以上の歴史を持つ県内最古の蔵、第一酒造。ラーメンでも有名な佐野市だが、「水と緑と万葉の町」と言われ、古くから酒造りの町としても知られている。小山市の水が軟水系なのに対し、石灰の産地でもある佐野市は硬水。そのため骨太の男らしい酒になるのが特徴とのこと。

白壁の土蔵から門へとつながる昔ながらの造り、中庭に入ると、12代目蔵元、島田嘉紀社長が待ってくれていた。伝統ある酒蔵の中でも、十代以上続いている蔵元は少ない。

第一酒造の創業当時の屋号は「金上」だが、江戸時代に造っていた酒がどんな名前だったか、島田社長にもわからないという。現在の主力銘柄は「開華」だが、これは明治時代に「文明開化」から名をとって

340年以上の歴史を持つだけに、蔵にも風格が漂う

左：江戸時代前期の延宝元年に創業した第一酒造。落ち着いた佇まいの中庭では、夏の間、冷酒を楽しむ「ひやガーデン」も開催される
右：農家が酒造りも始めたのが蔵の成り立ちなので、現在も米にはこだわり、精米機も所有している

麹室で第一酒造の酒造りについて説明する島田社長。平成10年以降、製造する酒はすべて特定名称酒

「開化」としたのが最初とのこと。第二次大戦後に「開華」に変更したそう。

すべての酒が特定名称酒

第一酒造は元々農家で、農業をしながら酒造りを始めたのが酒蔵としてのスタート。そして現在も農業を続けており、そのために米へのこだわりは非常に強い。雄町、ひとごこちなどを社員が自社水田で栽培、酒造りの一部にあてている。

また全国の酒造では唯一の政府認定米麦集荷業者で、数年前までは政府しかできなかった米の等級検査も、自社でできるとのこと。

生産量は約1000石で、「地元で愛されるからこそ地酒」のポリシーのもと、出荷の約8割が栃木県内向け。しかしそうした地元販売中心の酒蔵としては珍しく、平成10年（1998年）には廉価な普通酒を造るのをやめて、すべてを特定名称酒（38ページ参照）とした。

蔵を見学した後、敷地内の「ギャラリー酒蔵楽」で試飲タイム。通常の酒蔵見学会では、見学会限定しぼりたても登場するとのこと。また夏の時期には、中庭で冷酒を楽しむ「ひやガーデン」がオープンするので、ぜひ訪れてみるといい。

蔵を後にして、足利市の樺崎八幡宮へ。「東日本大震災復興支援」として開催される、岩手県の早池峰大償神楽を観賞。ツアー参加者には岩手の地酒も一杯サービスの特典ありだが、千円で枡付きの飲み放題を選ぶ人も（笑）。朝から晩まで日本酒漬けとなった一日であった。

漆喰の土蔵から門へとつながる由緒ある造り。佐野は江戸への水運も良かったので、江戸後期には多くの酒蔵があったという

次代を築く「下野杜氏」

伝統の手造り技法で日本酒を醸すリーダーである「杜氏」。岩手の南部杜氏、新潟の越後杜氏などの集団が有名だが、農家の出稼ぎという形態の杜氏制度は、高齢化によって衰頽の危機を迎えている。そこでその日本伝統の文化を後世に伝えたいとして、栃木県内の若い蔵人達が会社の枠を越えて立ち上がり、誕生したのが「下野杜氏」。

実技試験・利き酒試験など栃木県産業技術センターの課す厳しいカリキュラム・試験を経て、新資格「下野杜氏」に認定されるという制度で、2006年に第一期生が誕生した。第一酒造は杜氏歴50年の越後杜氏が酒造りを支えてきたが、下野杜氏の発展に熱心に取り組み、2014年までに3人の認定者が生まれている。

文明開化から名をとって「開化」が誕生、第二次大戦後に「開華」となった

気鋭の若手蔵元たち

21世紀に入り、
ピーク時に比べて出荷量が
3分の1に減り、
廃業するところも増えた
日本酒の蔵元。
そんな冬の時代に、
危機感を持って
蔵の運営を引き継いだ
若い蔵元たち。
新世代の日本酒への思いを
探ってみよう。

日本酒のイメージを変えたニュージェネレーションの挑戦

2003年頃、本格焼酎（芋や麦など素材の味を生かした単式蒸留焼酎）ブームが訪れ、人気ブランドには高額なプレミアムがついて入手困難になった。それに対して日本酒（清酒）は、「オヤジくさい」とか「宴会で飲んで悪酔いする酒」などマイナスイメージが強くなり、1970年代のピーク時に比べて出荷量が3分の1に低下。約50年ぶりに本格焼酎に抜かれてしまった。日本全国で4千ほどあった蔵元も半分以下に激減。多くの蔵が廃業の危機に陥ってしまう。

そんな中で「なんとかしないと」と立ち上がったのが、20代、30代の若い蔵元たち。自分たちと同じ若い世代に日本酒をもっと飲んでもらおうと、低価格な普通酒中心から吟醸など高品質の酒への転換、ラベルデザインなどを含めたブランドイメージの一新といった改革に取り組んだ。南部杜氏、越後杜氏といった仕込みの時期だけ蔵にやってくる杜氏の高齢化により、自らが杜氏を兼ねる蔵元も多い。そうした若い蔵元たちは、お互いにコミュニケーションを取り合い、共同してイベントを開催するなど、ともにレベルを高めようという試みも行っている。

新しい日本酒の流れをつくり出した若手蔵元たちは、何を考え、何を目指しているのだろうか。海外進出への取り組みや、女性ユーザーへの意識などを含めて、その思いを聞いてみた。

写真提供：新政酒造、せんきん、笑四季酒造、平和酒造、八戸酒造、宮泉銘醸、美吉野醸造、萩野酒造

挑戦し続けるイノベーター

佐藤祐輔《さとうゆうすけ》さん

秋田・新政酒造

東大文学部を卒業してジャーナリストとして活動した後、実家の酒蔵を継ぐという異色の経歴を持つ八代目蔵元。曾祖父が造り出した6号酵母にこだわりながらも、斬新な発想で次々とこれまでにない酒を造り出している。現在の活気ある日本酒の世界を牽引する新世代の旗手的存在。

＊

Q 明治大学商学部を1年で辞めて東大文学部に入り直し、ジャーナリストになったわけですが、実家を継ぐという気はなかったのですか?

「何となく流れで商学部に入ったんですけど、あまり商学に興味が持てず、心理学を勉強したいなと思いはじめて入り直したんです。しかしだんだん文学というか、書いて表現することが面白くなってきて、自分は物書きに向いているんじゃないかなと英米文学を専攻して。そして卒業後は週刊誌などに執筆するライターになったわけです」

「当時、弟が司法浪人していて進路が決まっていなかったので、蔵は弟が継ぐのではと思っていたんですが、司法試験に合格しまして。それとライターとしてはおもに『食の安全』をテーマにしていましたけど、食品メーカーなどを批評することに疲れてきたんですね。批評ではなく、自分で『モノづくり』するほうに興味がわいてきたわけです」

「元々体質的にアルコールに弱くて、酒への関心は薄かったんですが、大学を卒業してから、日本酒の美味しさも感じるようになってきまして。非常に可能性があり、造りがいがあるのではと思ったので、実家に戻って酒造りしてみようかということになったわけです。それが2007年冬のことですね」

Q 蔵に入ってからは次々と新しいコンセプトのお酒を作り出してますが、それと同時に6号酵母にこだわり、生酛《きもと》(46ページ参照)など昔ながらの酒造りにも挑んでいますね。

「ひいおじいちゃんである五代目が採取に成功した6号酵母は、現在最古の酵母であり、尊重するのが使命とも思います。それで6号酵母しか使わ

雪深い秋田の地で、幕末に創業した新政酒造。大阪大学で醸造を学んだ五代目蔵元、佐藤卯三郎は斬新な吟醸造りを行う過程で6号酵母を発見。灘、伏見といった関西中心だった日本酒業界に新しい風を吹き込んだ

「木や微生物といった自然の力が酒を造る」という考えにより、2014年からは昔ながらの杉樽も導入。手を乗せているのは貴醸酒を貯蔵するためのオーク樽

「手間はかかってなんぼですから。効率を考えて機械で大量生産するくらいなら、酒造りをやめてますよ。」

ないと決めたわけですが、地元に貢献するのが酒蔵の役割だと思うので、米も秋田県産のものだけ使おうと。それと同時に、機械的・工業的に酒を造っても面白くないんで、できるだけ手造りの部分を増やそうと考えて、醸造用乳酸を使う速醸（46ページ参照）もやめたわけです」

「そういう造り方だと、アルコール添加するのも違和感があるので、必然的に純米のみということになります。それと大吟醸と名乗れる精米歩合50％以上に米を磨いていくと、みんな同じようにきれいな味になってしまう。だから必要以上に磨くということもあまりしたくないので、逆に精米歩合90％の酒も造ったわけです」

Q そのようにしぼりが多いのに、いろんなタイプのお酒を次々に出していますが、手間がかかるわりには少量しか造れなくて、ある意味効率は悪いですよね？

「悪いですけど、手間はかかってなんぼですから。効率を考えて機械で大量生産するくらいなら、酒造りをやめてますよ。量を造ることを目指しているわけではないので。ひとつの酒を造っている時に、ふと『こうしたら面白いのでは？』と違う酒にしてしまうこともありますし」

「それとどんなものでもそうですが、手造りでやっていれば、同じ銘柄100本造っても、一本一本全部微妙に違う。だから本当は全部違う名前にしたいくらいなんですよ」

Q 山廃《やまはい》だけでなく、手間のかかる生酛造りも始めたわけですが、その理由は？

「山廃というのは『山卸し廃止』の略で、生酛造りで行われる、小さい桶に仕込んだ酒母《しゅぼ》を櫂《かい》で摺《す》るという工程を省略した造り方です。米を磨けるようになった現在では、もはや櫂で摺る必要もないのではと思ってましたが、摺ることの意味はそれだけではなかったんです。最高の衛生レベルが可能になるんですよ。それで山廃でできなかったことが生酛ではできるようになったんです」

精神性が感じられる酒造りを

Q ラベルのデザインなどもきれいで、それがまた味とともに女性の人気を呼んでますが、女性をターゲットにしようという意識はあったのですか?

「それはまったくないですね。ラベルについては、中身を一生懸命造ってるんだから、外身もよくしてあげようと、気を遣っているということですね。〝作品〟というとおこがましいけど、自分のパートナーみたいなものなので、きれいにしてあげたいと。『No・6』などは自分でデザインしましたけど、今はデザイナーを社員にもしています」

「中身については、『女性が好みそうに香り高く』というようなことは全然ないんですけど、自分が酒に弱いので、そういう人でも楽しめるように、低アルコールを心がけているというのはありますね。基本的に15%以下ですね。加水しない原酒であっても、しっかり低温で発酵するように管理すれば、低アルコールで造れるんですよ」

Q 海外でも人気を呼ぶと思うのですが、海外進出については?

「とにかく量が造れないので、正直国内で手一杯というところですね。日本酒が世界で認められるということはいいと思うので、挑戦できるところはすればいいかと思います。ただし、ワインの代替品というような売り方ではなくて、きちっと日本の文化・伝統を伝えられるようにするべきだと思いますね。精神性が感じられるような。その意味で、昔ながらの生酛造りをするというようなことも、意味あることではないかと考えています」

「酛摺(もとず)り」と言われる生酛造り特有の工程。半切り桶にて、櫂で米を摺るという非常に手間のかかる作業

日本酒のイメージを覆す斬新なネーミングとラベルも佐藤さんのアイディアによるもの。右から6号酵母へのこだわりを表す『No.6』『亜麻猫』『クリムゾンラベル』

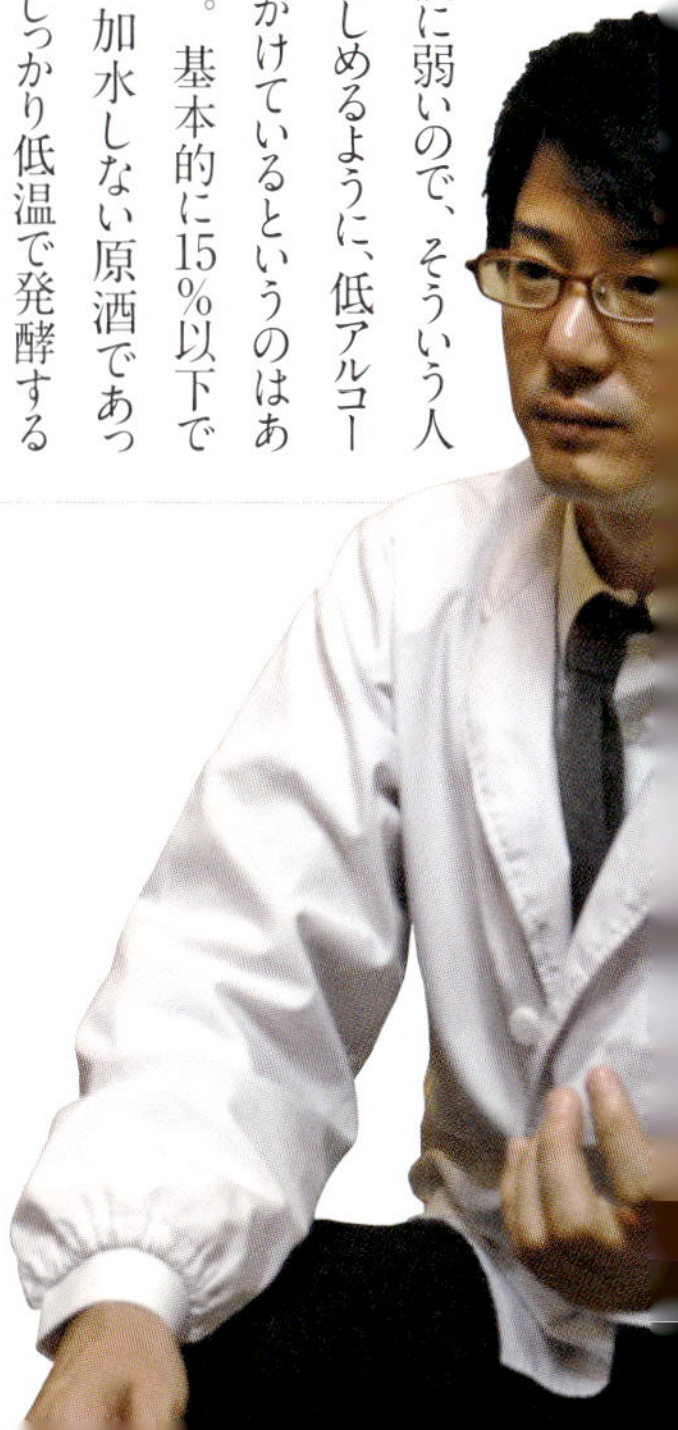

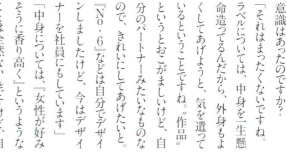

ドメーヌ化を進める
酸の魔術師

薄井《うすい》一樹《かずき》さん

栃木・せんきん

文化3年（1806年）創業という老舗酒蔵の長男に生まれながら、ワインソムリエとして活躍。その後実家に戻って酒蔵を継ぐと、それまでとは大きく方向転換し、ワインの手法も生かして斬新な酒造りに挑んでいる。酸にこだわる日本酒ニューウェーブの代表格。

＊

Q ソムリエスクールでワインについて学び、ワインソムリエへの道を歩んだわけですが、いずれ日本酒の酒造りに活かそうという考えはあったのですか?

「よく聞かれるんですが、当時はソムリエになることしか考えてなかったですね。遠い将来ではなくて、近い将来のことしか。田崎真也さんが世界最優秀ソムリエコンクールに優勝して、それで単純にソムリエに憧れて地元の大学を中退し、日本ソムリエスクールに入学したんです」

「卒業後は学校を運営していた日本ソムリエ連盟に就職して教える側になったんですが、この学校は日本酒など他の酒についての授業もあるんです。東京でいろいろ日本酒に触れているうちに、実家の酒とはレベルがずいぶん違うと実感して。それで『家を継いで立て直しを図ろう』と決意したんです」

Q 日本酒の蔵元になって、ワインの世界から参考にしたことは?

「一番はドメーヌ化ですね。ドメーヌというのはブルゴーニュなどのワイン産地で、自分の畑でぶどうを栽培してワインの醸造・瓶詰めまで行う生産者のことです。ところが当時、日本では酒米を栽培している地域が限られていて、よその地域から買っている蔵がほとんどでした」

「うちは愛山、雄町、亀の尾という酒米を三本柱にしており、それぞれ兵庫、岡山、山形から仕入れていました。しかしそのように遠くから原料を仕入れているのに〝地酒〟というのはおかしいでしょう。その土地で穫れた米を使ってこそ〝地酒〟。酒を仕込む水と同じ水脈の水で育った稲、米を使えば、相性がいいに決まってるんです」

「そこで雄町、亀の尾に関しては地元で作付けをして成功。愛山は兵庫から持ってくるこ

「甘酸っぱいというのが『仙禽』の最大の特徴。そうした酸味はたしかにワインに近く、トマトソースや肉料理など洋食によく合います。」

上：仕込みには独自の工夫もこらしている
下：時間のかかる袋吊りによるしぼり。木桶での仕込みなど、伝統的な造りにこだわっている

栃木県さくら市にあり、二百年以上の歴史を持つ蔵。薄井一樹さんは十一代目の蔵元

雄町と亀の尾の作付けに成功し、自社と地元の契約農家で栽培。ドメーヌ化を強力に進めている

とできないんで、26BY（平成26年度）から造りを断念しました。すべて自社栽培ということではなく、地元の農家と協力して栽培していますが、ドメーヌ化によって安定して米を入手することができるというメリットもあります」

酸味に対する感覚の変化

Q 味もワインに近い印象があり、それが女性ファンの多さにもつながっているのでは？

「甘酸っぱいというのが『仙禽』の最大の特徴。そうした酸味はたしかにワインに近く、トマトソースや肉料理など洋食によく合います。女性に限らず、若い世代は子供の頃からマヨネーズやソースなどによりビネガー風味に慣れていて、酸味に対する日本人の味覚はずいぶん変化していると思います。さらに甘みによって、とくに女性の嗜好に合っているかもしれませんね」

「でもそれと同時に、しっかり和食に合う日本酒の王道の酒を造りたいという思いがずっとくすぶっていました。それで『クラシック仙禽』を造ったわけです。酸度はそれほど変わりないんですが、しっとりと落ち着いた味のものを。この二本立てで、毎年マイナーチェンジしながらトレンドを造っていきたいですね」

Q 大吟醸など特定名称を表記しなくなりましたが、どんな理由が？

「飲む人に先入観を与えたくないというのが一番ですね。『やっぱり純米大吟醸はうまい』などと思ってしまうので。裏のラベルには精米歩合や原料が書いてありますが、たとえば雄町の一升瓶は純米、精米歩合が50％で3000円ほど。飲んでみてその値段に合うかどうかを判断してもらえればと思います」

あおい有紀さんが2010年に蔵を訪れた時の写真。左が薄井一樹さん、右は弟の薄井真人さん

『仙禽 亀ノ尾 中取り 無濾過原酒』（右）。大吟醸クラスだが、あえて特定名称は明記していない。ワイン酵母を使った『仙禽 ドルチェブーケ』（左）

アグレッシブに
海外進出に挑戦

竹《たけ》島《しま》充《あつ》修《のり》さん

滋賀・笑四季酒造

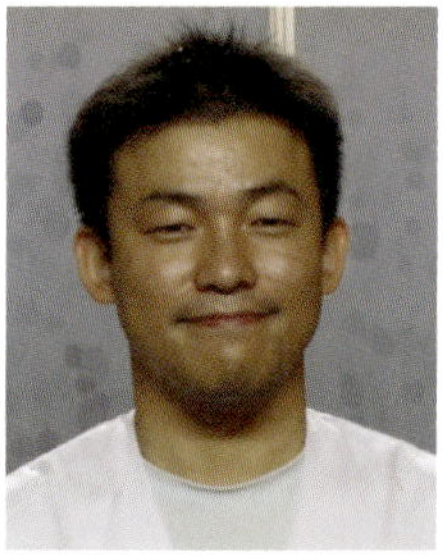

フレッシュな貴醸酒『モンスーン』に始まり、『マスターピース』『センセーション』などラディカルな酒造りを進める笑四季。その路線を生み出したのが、CEOの肩書きを持つ竹島充修さん。「甘み」を軸に海外進出を賭ける野心的な若手蔵元。

＊

Q 新潟のサラリーマン家庭に生まれながら、高校から醸造科に入学したわけですが、その頃からお酒の世界に入ろうと思っていたのですか？

「その当時、お酒が好きだったということではありませんね（笑）。正直言いますと中学時代にちょっとやんちゃで内申書が悪く、普通科高校への進学が厳しかったんですよ（笑）。それで入った農業高校に全国でも珍しい醸造科があったというわけで。東京農業大学の醸造科に推薦枠があったので、そのまま酒造りの道に入ったわけです」

「卒業後は地元の原酒造に入社し、醸造科出身ということで将来の杜氏候補と目されていました。それで社長に『勉強のために酒類総合研究所に研修に行ってこい』と言われ、1カ月ほど行くことになったんですが、たまたまそこに大学時代に同じサークルだった後輩の女の子がいたんですね。学生時代は全然彼女とかではなかったんだけど何となく付き合いはじめて、2年後くらいに結婚という話に。それが笑四季酒造の娘、今の家内の加奈子で、私が婿入りすることになったのです」

Q 原酒造のほうは問題は？

「『結婚なら仕方ない』ということで許してもらいましたね。しかしその頃の笑四季酒造は大変な経営難。義父は『お前に任すから』ということで、必死で立て直しを図る日々でした。本当に『明日はどうやって食べるか』という感じでしたね。このままでは銀行の債務整理を受けざるをえないという状況になって、最後の賭けで東京進出を図ったんです。近くに『松の司』の松瀬酒造がありますが、そこの社長に東京の『はせがわ酒店』を紹介してもらったりして」

「その時の武器となったのが、貴醸酒の『モンスーン』です。学生時代、貴腐ワインを飲んで感激し、日本酒でできないものかと考えてはいたんです。〝甘

右：江戸時代の宿場町である水口宿（現・甲賀市）の東海道沿いで、明治25年（1892年）に創業した笑四季酒造。充修さんが五代目蔵元になる
左：新潟の原酒造が開発した酒米『越神楽』も現地で作付け、すべて滋賀県産の米で、全量純米の酒造りを行っている

「貴腐ワインを飲んで感激し、日本酒でできないものかと考えてはいたんです。〃甘さ〃が受ける時代が絶対に来ると思っていました。」

2009年から醸造責任者となった充修さん。地元向けの普通酒中心の酒造りから、高品質の酒へと大きく舵を切り、全国展開を果たした

マスターピースシリーズ（右）は、実験的手法を駆使した純米大吟醸。笑四季の代名詞とも言える甘口の貴醸酒、モンスーンシリーズ。右は山田錦、左は玉栄を使用

さ〃が受ける時代が絶対に来ると思っていましたし。でも当時の貴醸酒は熟成させた古酒のようなものが多くて、『もっとフレッシュな貴醸酒にしたい』と生み出したのが『モンスーン』です」

Q 『モンスーン』や『マスターピース』など日本酒とは思えないネーミングばかりですが、女性ユーザーを意識してのことですか？

「『モンスーン』は季節風なんで、笑四季の四季にひっかけてすぐに決まりました。それ以降は、海外進出を考えて横文字にしたんです。ヨーロッパでは和風のほうがいいですが、アジアだったら洋風のほうがいいんですよ。台湾、中国、シンガポールなどを視野に入れていたんで」

「女性ユーザーに関しても、日本だけでは考えていないですね。30代、40代の女性は現在、高品質の日本酒を一番購入してくれていますが、それは海外でも同じなんです。現地では日本の価格よりも3倍くらいになりますが、それでも買ってくれていて、人気あるものは買い占めもされますから」

「だからと言って、女性ユーザーだけを意識しているわけではありません。女性がまず参入してくると、男性を引き入れてくれます。そこで男性ユーザーにも気に入れられれば、ようやく定着するんですよ。その両方を考えないといけませんね」

「酒は造っている時が一番楽しいですが、やはり売る努力もしないといけませんから。いまだに倒産して一家離散、というような夢を見るんですよ（笑）。今の若手蔵元の多くは厳しい経営をくぐり抜けていて、そういう強迫観念を持ってやっているから強いんじゃないでしょうか」

若い世代に日本酒の魅力を伝える
山本典正《やまもとのりまさ》さん
和歌山・平和酒造

「飲みやすい、口当たりが柔らかくてきれいな味わいの酒を造ろうというのが目指したところ。」

京都大学経済学部を卒業して蔵を継ぎ、パック酒中心の製造から高品質の酒造りへと方向転換。試飲会などのイベントを開催する「次世代蔵元」のリーダーとして、若手蔵元のとりまとめ役を務めている。

蔵の所有田でも酒米を栽培、高野山から流れる貴志川伏流水を井戸から汲み上げて仕込んでいる

蔵は若々しいエネルギーにあふれている

＊

Q 京都大学経済学部に進んだということは、蔵を継ぐ気ではなかったということですか?

「いえ、高校に入学する時に父に『蔵を継ぐ』と宣言しました。ただ父は『幅広い知識を得たほうがいい』という考えだったので、醸造科に入るということではなく、京都大学を目指したわけです」

「卒業後1年間、人材派遣関係のベンチャー企業で働き、2005年に蔵に入りました。当時の平和酒造は京都の大手メーカーの桶売りが中心で、99・9%がパックの経済酒（普通酒など廉価な酒のこと）でした。6千石くらい造っていたのですが、安い酒を大量生産するのではなく、まずは良いものを造るというのを第一に、自分が表現したいものを表現する、ということで『紀土（KID）』のブランドを立ち上げたのです」

Q 表現したいものは具体的には?

「『紀土』というネーミングは、漢字では『紀州の風土』ということです。そして英語の『KID』もつけたのは、20代だった自分も含めて、若い蔵人により、若い人に日本酒の魅力が伝わるような酒を造りたいという想いからです。日本酒の文化を若い人たちの中で育てていきたいというメッセージですね」

「飲みやすい、口当たりが柔らかくてきれいな味わいの酒を造ろうというのが目指したところ。当然、それは女性にも受け入れやすいものだと思います。『次世代蔵元』のイベントも、若い人達に伝えていきたいとの想いから始めたわけです」

酒に弱くても飲める芳醇甘口を

駒井《こまい》秀介《ひでゆき》さん

青森・八戸酒造

「華やかな香りを持った芳醇な甘口タイプというコンセプトを決めたんです。」

蔵の裏には新井田川が流れる

東京での営業活動後に蔵に入り、酒質や流通形態などを一新。弟の伸介さんなど若い蔵人とともに、芳醇な甘口タイプの『陸奥八仙』を醸し、一躍人気ブランドに押し上げた。

＊

Q 蔵を継いだ時には、どんな酒蔵にしたいと考えたのですか?

「蔵に入る前に2年ほど東京で営業活動していたんですが、当時は大きな問屋さんや一般の小売店、コンビニなどを回っていました。しかしただ置いているだけで、棚の隅でほこりをかぶって放ったらかしにしているようなところが多くて、これでいいんだろうかと悩んでいたんです」

「そんな時に日本酒専門の酒販店である小山商店さんと出会うきっかけがあり、いろいろとアドバイスも頂きまして。とにかくまず『自分の想いを込めて、それを造ってから発信すること』が大切だと。それで蔵に入った時に、酒質設計からラベルデザイン、流通までがらっと変えたんです」

Q 目指したお酒のタイプは?

「自分は元々酒が弱くて、20歳過ぎてからうちで造っていた『陸奥男山』を飲んでも、辛口であまり好きになれなかったんです。ところが学生時代にある居酒屋で『十四代 角新本丸生酒』を飲んだら、甘みがあってとても美味しく、感激しまして。それで自分もこういう酒を造りたいと、『華やかな香りを持った芳醇な甘口タイプ』というコンセプトを決めたんです」

「これが女性にも人気を呼んだ理由とも思いますが、とくにピンクラベルはイメージも女性を意識しています。自分がそうであったように、こういうお酒を飲むことで、日本酒が好きになるきっかけになればうれしいですね」

安永4年（1775年）創業の八戸酒造。第二次大戦後、自社蔵を使えなくなる危機に見舞われたが2009年に取り戻し、再スタートを切った

飲みたい酒を追究して得た栄冠

宮森義弘《みやもりよしひろ》さん

福島・宮泉銘醸

「自分が飲みたい酒を造るというのが第一です。その味を好きになって飲んでいただければ幸せですね。」

システムエンジニアとしてサラリーマン生活を送った後、経営難に陥っていた蔵を体をはって立て直す。『寫楽』はSAKE COMPETITION 2014の純米酒部門と純米吟醸酒部門で2冠を達成、もっとも注目される蔵元の一人。

*

Q 成蹊大学工学部を卒業して富士通系の会社に入社と、まったく日本酒と関係ない道を歩まれていましたが?

「子供の頃から蔵を継ぐのは決めていたんですよ。大学時代も仕込みの時期は手伝っていましたし。ところが日本酒業界は不況のまっただ中で、父からは『給料が払えないからとりあえず他で働いてくれ』と言われまして。それで理数系が得意だったので、システムエンジニアをしていたんです」

「4年ほど経った時に父親から『蔵を立て直すために戻ってきてくれ』と言われ、それで3年間セミナーで醸造の勉強をして、蔵に入りました」

Q どういう酒を造りたいと?

「会社の送別会を『蔵元になるなら』ということで日本酒専門店でやってくれたんです。そこで『同じ福島の酒だから』と『飛露喜』を飲ませてもらったんですが、これがうちで造っている酒と全然レベルが違くて。それでまず蔵元の廣木酒造本店に出向いて、いろいろ話を聞かせてもらったんです」

「それとやはり味に感激した『十四代』を世に送り出した高木顕統《あきつな》さんにもお話を伺いにいきまして。すると『十四代を造るきっかけは寫楽だった』と言うんですよ。『宮森君、銘柄を頼むよ』と言われて、不思議な因縁だなと」

「顕統さんもそうですけど、やはり『自分が飲みたい酒を造る』というのが第一です。その味を好きになって飲んでいただければ幸せですね」

幼なじみの山口製造部長と、二人三脚で蔵を再生させた

昭和29年に会津の老舗酒蔵、花春酒造から分家して創業。廃業した酒蔵から譲り受けた『寫楽』を見事に復活させた

室町時代から続く水酛を継承
橋《はし》本《もと》晃《てる》明《あき》さん
奈良・美吉野醸造

「酸にもいろいろあるんですよ。それを製法の違いで分けていきますが、酸にこだわるのが私のテーマですね。」

東京農業大学醸造学科を卒業して灘の酒蔵で修行と、蔵元としての王道を歩む。古くから伝わる製法の〝水酛〟を今に伝え、クラシックな酒造りと酸味を中心とした現代的な味わいを追究する。

醪の入ったタンク。山廃は仕込むのに70日かかるのに対し、水酛は90日かかるとのこと

*

Q 水酛《みずもと》というのはどういうものですか?

「生米を水に浸して乳酸醗酵を促すことで酸度を高め、安全に醸造するという製法です。室町時代に奈良の寺院で生み出されたので菩提酛《ぼだいもと》（128ページ参照）と呼んでいる蔵もあります」

「現在は水酛の酒は3%程度ですが、もっと増やしていく予定です。うちの蔵の特徴としてイメージつけていきたいなと。山廃と速醸と水酛を3セットにして、製法違いで味が違うという分け方ですね」

吉野山の山懐に位置し、すぐ脇を吉野川が流れる

Q 目指すお酒の味は?

「酸があって、旨味があって、バランスが保てるような味の酒ですね。そのベースにあるのは、『食べながら飲む』という食中酒です。酸味によって料理も引き立てるような」

「酸にもいろいろあるんですよ。すっぱい酸とか辛い酸とか。それを製法の違いで分けていきますが、酸にこだわるのが私のテーマですね」

Q 女性ユーザーに対して意識は?

「酸味に関しては女性のほうが敏感だと思いますね。料理と酒ということにもこだわる方は多いし、合う合わないについてもシビアな方が多い。そういう意味では女性を意識していると言えるかもしれません」

「ただラベルとかはそれほど洋風にしたりとかする必要はないんじゃないかと。ワインぽいものならばワイン飲めばいいんであって、あくまで日本酒という立ち位置でいいんじゃないかと思います」

『気合いの入った丁寧な普通の酒』造り

佐《さ》藤《とう》曜《よう》平《へい》さん

宮城・萩野酒造

「できた時点で納得のいく酒を造れるようにやる。普通の酒だからこそ気合いを入れます。」

天保年間から続く蔵は、2011年の大震災で大きな痛手を追った。旧蔵は亀裂が入り、傾いてしまった

江戸末期の天保年間から170年以上続く酒蔵に生まれ、東京農業大学醸造学科を卒業とオーソドックスな進路をたどる。目指す酒も「飽きのこないスタンダード」なタイプ。少量でも高品質の酒にこだわり、誠実に酒造りに取り組む。

＊

Q 『萩の鶴』と『日輪田』との二本柱ですが、どのような違いがあるのですか?

「『萩の鶴』は昔からあるブランドで、速醸系のきれいな味わい。『日輪田』は自分が立ち上げたブランドで、山廃が中心のフルボディの酒。『お日様』と『田んぼ』の恵みを『輪』になって皆で楽しもうという意味も込めて『日輪田』と名付けました」

Q 目指すお酒のタイプは?

「派手すぎず、地味すぎず、飽きずに飲めるスタンダードなお酒。食中酒だけど『気合いの入った丁寧な普通の酒』ですかね。当たり前のことを完璧にやるスタンダードな酒を目指して造っています」

「個性ももちろん大事ですが、珍しい酵母使ったり、変わった米を使ったりなど、別に奇をてらうことはないんじゃないかと。火入れをするときはタイミングが遅くならないようにとか、過剰な濾過をしなくてもいいように、できた時点で納得のいく酒を造れるようにやるだけです」

Q 女性ユーザーに対しては?

「まず『飽きないでください』と(笑)。一過性のブームで終わってほしくないので。我々もあまり派手な宣伝をせず、微増していけばいいと思います。自分が納得できる酒は、そう簡単には増産できませんから。フルーティーで甘酸っぱい酒も勉強のために試験的に造っていますが、それを入口にして、スタンダードな酒を日常的に飲んでもらえたらと思います」

免震設計の新蔵は安全性にも気を配られている

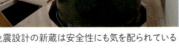

第5章
日本酒をより美味しくする技

おウチで

和食にこだわらない日本酒に合う料理のレシピを大公開！

日本酒、簡単レシピ

家飲みする時に頭を悩ますのが、お酒に合った料理を作ること。日本酒だからといって和食と思い込まなくてOK。さまざまな素材を使った日本酒に合う料理を、料理研究家の五十嵐ゆかりさんがレクチャー。

「彼と2人で」でも「みんなでワイワイ」でも、お酒に合った料理を作るのはなかなかむずかしいもの。日本酒だからやっぱり和食？　でもちょっと予想外な料理でびっくりもさせたいし…。

美味しいおつまみ、料理を作るために、豪華な素材を使うことはない。たまたま冷蔵庫に入っていた材料だけでも、工夫次第でみんなを感心させるような料理ができる。

料理研究家の五十嵐ゆかりさんは、コストパフォーマンスに優れ、しかもヘルシーなレシピをこれまでにたくさん考え出し、〝女性の健康を守りたい〟という想いで発酵美顔レシピも追求している。

発酵美顔レシピというのは、発酵食品＋美容にうれしい食材を組み合わせた、女性のキレイを応援する料理のこと。発酵飲料である日本酒も当然、このレシピと相性がいい。

そこでここでは、五十嵐さんにアボカド、トマト、カマンベールチーズといったさまざまな素材を使い、日本酒とマッチするレシピを考案してもらった。どんな日本酒にもっとも合うかもコメントしてくれているので、目安にしてもらいたい。

五十嵐ゆかり
料理研究家、管理栄養士
中学で料理研究家を目指し、大学卒業後に管理栄養士試験に合格。
新卒でレシピ制作会社の株式会社フードクリエティブファクトリーに入社、1日40レシピの撮影調理・スタイリングを1人で行っていた。
美顔レシピ研究家、おふくろ料理研究家でもあり、今はレシピ考案や栄養監修、コラム執筆などで活躍中。
http://yukariendo.com/

きゅうりとみょうがの酢の物

さっぱりとして、夏の宵などにぴったりの酢の物。スッキリとしてみずみずしい味わいの淡麗辛口のお酒は、お酢の酸味が効いた酢のものとよく合います。ガリは味のアクセントになるだけでなく、淡麗辛口の爽やかな味わいと好相性です。

① きゅうり、みょうが、ガリは千切りする。きゅうりは塩もみし、しんなりしたら水気をしぼる。みょうがは水にさらす。

② ボウルに酢、はちみつ、塩を入れて混ぜる。

③ ②にきゅうり、みょうが、ガリを加えて和える。

材料　**きゅうりとみょうがの酢の物（2人分）**

●きゅうり：1本　●みょうが：1本　●ガリ：20g　●酢：大さじ1　●はちみつ：小さじ1　●塩：小さじ1/6

かぼちゃニョッキの醤油バターソース

ニョッキは団子状のパスタの一種。
かぼちゃを使ったニョッキを、
醤油バターの濃厚なソースで合えてみました。
米の濃厚な旨みやコクを感じる
生酛系の純米酒は、
バターを入れてこっくりとした
味わいのソースをまとった
ニョッキとよく合います。

濃厚な
味わいの
バターソースを
うま味豊富な
生酛で

① かぼちゃは皮をむいて一口サイズに切ってボウルに入れ、ラップをして600Wのレンジで5～6分加熱し、熱いうちにフォークでつぶす。大葉は粗みじん切りにして水にさらす。

② ①のボウルに薄力粉、醤油を加えてひとまとめになるまで混ぜる。

③ まな板に打ち粉（強力粉、適量）をして②を太さ2cmの棒状にのばし、1cm幅に切る。

④ 両手で丸めたらフォークで跡をつける。

⑤ 鍋にお湯を沸かして塩（分量外、お湯に対して1%）を入れ、④を茹でる。浮き上がってきたらさらに1分茹でてザルにあげる。

⑥ ⑤の鍋にニョッキを戻し入れ、大葉、醤油、バター、オリーブオイル、こしょうを加えて和える。

かぼちゃニョッキの醤油バターソース（2人分）

材料
●かぼちゃ：1/8個（180g） ●薄力粉：60g ●醤油：大さじ1/2 ●大葉：5枚
●醤油：大さじ1/2 ●バター：10g ●オリーブオイル：大さじ1 ●こしょう：適量

酸味の強いお酒を
キウイの爽やかな
酸味に合わせる

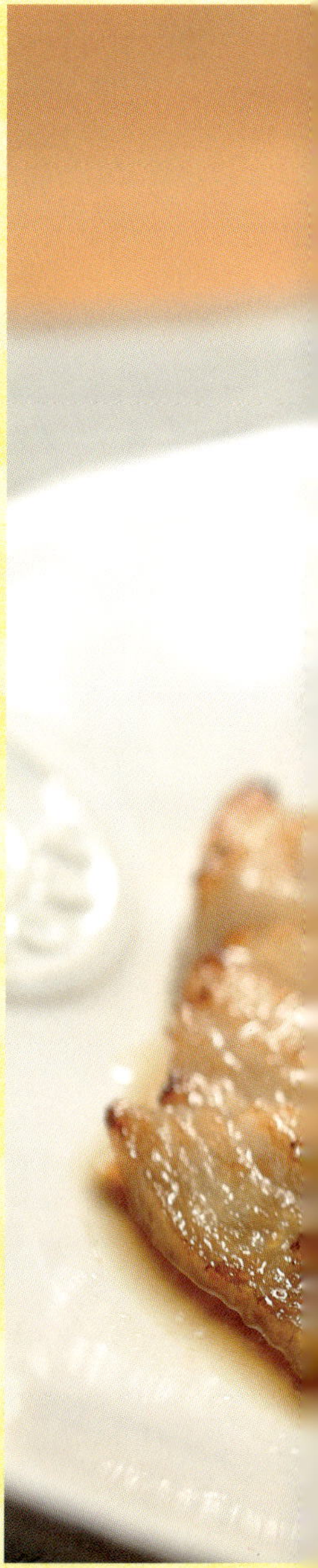

ポークソテーの味噌キウイソース

豚肉にキウイの皮を貼り付けることで、
酵素の働きにより柔らかな食感に仕上がります。
また、味噌のグルタミン酸のうま味が、
ソースをぐっと美味しくしてくれます。
豚肉の甘味とキウイの爽やかな酸味のあるソースが、
酸味の強いお酒とぴったり。

① キウイの皮をむく。豚ロース厚切り肉は筋切りし、醤油をもみ込んでキウイの皮の果肉側を全体に貼り付け、冷蔵庫に2時間おく。玉ねぎをみじん切りする。

② ボウルにキウイの果肉を入れてフォークでつぶし、玉ねぎ、味噌、オリーブオイル、黒こしょうを加えて混ぜる。

③ フライパンにオリーブオイル（分量外、小さじ1）を引いて中火にかけ、豚ロース厚切り肉を火が通るまで焼く。

④ ③を器に盛り、②をかける（右ページの写真も参照）。

ポークソテーの味噌キウイソース（2人分）

材料
●豚ロース厚切り肉：2枚（200g） ●醤油：小さじ2 ●キウイ：2個 ●玉ねぎ：1/6個
●味噌：小さじ2 ●オリーブオイル：大さじ1 ●黒こしょう：適量

発酵食品のうま味を引き立たせる熟成古酒の深み

豆腐のピリ辛ごまザーサイ和え

木綿豆腐に長ねぎとザーサイを加えて豆板醤などで和えたという、手軽なおつまみ。深みのある豊かな味わいの熟成古酒と合わせると、ザーサイや豆板醤の発酵食品の熟成したうま味とよく合います。寝酒にちょっと一杯という時にもぴったり。

① 木綿豆腐は水切りする。長ねぎはみじん切りする。ザーサイは粗みじん切りする。

② ボウルにオイスターソース、豆板醤、白すりごまを入れて混ぜ、長ねぎとザーサイを加える。

③ 水切りした木綿豆腐を手で食べやすいようにちぎりながら、②に加えて和える。

豆腐のピリ辛ごまザーサイ和え（2人分）

材料
- 木綿豆腐：1丁（300g）
- 長ねぎ：1/6本
- ザーサイ：15g
- オイスターソース：小さじ1
- 豆板醤：小さじ1/3
- 白すりごま：大さじ1/2

トマトの酸味を
フルーティーで甘酸っぱい
お酒で楽しむ

トマトとしらすのブルスケッタ

イタリア生まれで、オーブンで軽くトーストしたパンに野菜やハムを乗せて食べるブルスケッタは、パーティーでの前菜などとしても最適。爽やかな酸味のあるトマトは、フルーティーで酸度の高い、甘酸っぱいお酒と好相性です。

① ボウルに1cm角に切ったトマト、しらす、オリーブオイル、塩、こしょうを入れて混ぜる。

② 1cm幅に切ったバゲットをトーストし、にんにくをこすりつける。

③ ②のバゲットに①を乗せる。

トマトとしらすのブルスケッタ（2人分）

材料
- バゲット：10cm
- トマト：2個
- しらす：20g
- にんにく：1片
- オリーブオイル：大さじ1
- 塩：小さじ1/4
- こしょう：適量

脂の乗ったブリを
冷たいスパークリング系の
お酒で

ブリのはちみつレモン照り焼き

ブリをレモン汁で照り焼きします。
レモンは臭みを消す効果があるため、
ブリの臭みを和らげてブリ本来の美味しさを味わえます。
清涼感を加えて、さっぱりとした
スパークリングに合う味わいになります。

① ブリは一口サイズに切って醤油をもみ込む。長ねぎは8cm分は横半分に切って白髪ねぎにし、残りは3cm幅に切る。

② レモンの皮は千切りにし、白髪葱と混ぜる。

③ フライパンにごま油を引いて中火にかけ、ブリ、長ねぎを焼き、レモン汁、醤油、みりん、はちみつを加えて絡め②と器に盛つける。

ブリのはちみつ塩レモン照り焼き（2人分）

材料
●ブリ：2切れ ●醤油：小さじ1 ●長ねぎ：1/2本 ●レモンの皮：5g
●レモン汁：大さじ1/2 ●醤油：小さじ2 ●みりん：小さじ2 ●はちみつ：小さじ1 ●ごま油：小さじ1

濃厚な
カマンベールを
力強い風味の
生原酒で

ガーリックペッパー・カマンベールフォンデュ

『溶ける』という意味のフランス語が由来のフォンデュ。カマンベールチーズの上部を切って加熱し、溶けたチーズに野菜をからませて頂きます。濃厚なカマンベールに無濾過生原酒のようなフレッシュで力強い風味のお酒を合わせると、バランス良く楽しめます。

① カマンベールチーズの上から3mm幅のところを切る。

② じゃがいもは皮をむいて一口サイズに切り、耐熱皿にのせてラップし、600Wのレンジで3分加熱したら、ブロッコリー、ミニトマトを加えてさらに1分加熱する。

③ 耐熱皿にカマンベールチーズをのせ、600Wのレンジで1分加熱したら、おろしにんにく、黒こしょうを加えて混ぜ、さらに1分加熱し、器に②、③を盛る。

ガーリックペッパー・カマンベールフォンデュ（2人分）

材料
- カマンベールチーズ：1個
- おろしにんにく：小さじ1/6
- 黒こしょう：適量
- ミニトマト：6個
- じゃがいも：1個
- ブロッコリー：6房

生ハムとアボカドのクリームコロッケ

つぶしたアボカドに玉ねぎと生ハムを加えてクリームソースにし、きつね色になるまで揚げたコロッケ。アボカドのコクが加わった濃厚なクリームコロッケは、濃醇な純米酒が合いますが、燗酒にして甘みやうま味を引き立たせたると、よりその魅力が増すことでしょう。

濃厚なクリームコロッケと濃醇な純米酒のマリアージュ

① 玉ねぎ、生ハムはみじん切りする。アボカドはフォークで細かくつぶす。

② フライパンにバターを入れて弱火にかけ、玉ねぎを透き通るまで炒めたら生ハムを加えて色が変わるまで炒める。薄力粉を加えて粉っぽさがなくなるまで中火で炒めたら、牛乳、アボカドを加えてとろみがつくまで煮詰める。

③ バットに広げて粗熱をとり、ラップをして冷蔵庫で1時間冷やす。

④ 冷えた材料を4等分し、手にサラダ油を薄く塗って、空気を抜きながら俵型に形を整え、薄力粉、溶き卵、パン粉をつけて冷凍庫で20分冷やす。

⑤ 180度に熱した油できつね色になるまで揚げる。

生ハムとアボカドのクリームコロッケ（2人分）

材料

●アボカド：1/2個 ●玉ねぎ：1/4個 ●生ハム：30g ●薄力粉：大さじ3
●牛乳：200cc ●醤油：小さじ1 ●こしょう：適量 ●バター：20g
●薄力粉：適量 ●溶き卵：1個分 ●パン粉：適量 ●揚げ油：適量

五十嵐さんが考案したレシピをもとに、フードコーディネーターの木村遥さん（左）がスタイリングや料理などを担当してくれた

温度を変えることで
お酒の表情がどんどん変わる。
燗酒マスター、五嶋慎也さんが
匠の技を披露

お酒を変える魔法のお燗

寒い冬、あったかい熱燗をいただいて、思わずほっこり…。日本人に生まれて良かったと思うような瞬間だけど、そんな燗酒を世界に広めようとしているのが、料理と日本酒の相性を追究してきた五嶋慎也さん。そのこだわりの技に迫ってみよう。

冷酒、常温、そして燗酒と、さまざまな温度で楽しめるのが日本酒の魅力のひとつ。表1に温度による呼び方の違いを示したが、こんなに細かく分かれているのは、世界でも例がないだろう。

基本的にお酒は冷やすと引き締まってシャープな味わいになり、温めるとまろやかになって旨味が増す。そしてそれぞれのお酒により、もっともその良さを引き出す温度というのは変わってくる。しかしお酒の幅が広がった最近では、「生酒は冷たくして飲む」というような常識にとらわれないことも多くなり、とくに燗酒ではさまざまな試みが行われている。

そうした燗酒の奥深い魅力を追究しているのが、自ら「燗付け師」と名乗る五嶋慎也さん。2014年9月まで京島にて『ごでんや』を開業、燗酒を中心にさまざまな日本酒と料理のマリアージュを考案し、多くのファンを魅了した。現在はかねてからの希望であった海外進出を果たし、香港に新しい店を出している。

今回は京島の『ごでんや』にて撮影したが、ご覧のように古民家を改装した和の雰囲気たっぷりの店。しかし弟である千裕さんが作る料理は、フレンチをベースにしたもの。その料理にどんな日本酒を合わせ、どんな温度にするかを慎也さんが決めるという二人三脚で営業してきた。

『ごでんや』は通常、料理9種で5千円のコースのみ。口直しのシャーベット等を除いて8種類の料理に、それぞれ別な日本酒が少しずつつくというスタイル。日本酒は全部で3合くらいの量で、約3千円ほど。表2にそのメニュー例を掲載したが、すべて1度単位で温度が書かれていることに驚かされる。

「あくまで目安で厳密なものではありません」とのことだが、書いてある温度は酒器についで飲む時の温度を想定してのもの。実際に燗をつけた時は2度くらい上げているそう。また湯煎器のお湯の温度も「ゆっくり温度を上げたいときには低めにします」というように、お酒によって55~70℃くらいの範囲で変えるというこだわりぶり。酒器にもこだわり、徳利やお猪口などもお酒の酒類ごとに変える（142ページ参照）。お燗するチロリも、お酒ごとに錫のものや陶器のものと使い分ける。

「まあ、お客さんに押しつけているかもしれませんけど、自分のわがままでやっているようなもので（笑）。ただもっとも美味しいと思える状態で飲んでいただきたいなと。もちろん飲んでいるうちに、お酒の温度はどんどん下がってきます。でも下がってもなお美味いというようなお燗が理想ですね」という慎也さん。お燗のつけ方にもさまざまな工夫をしているが、その魔法のような技を紹介していこう。

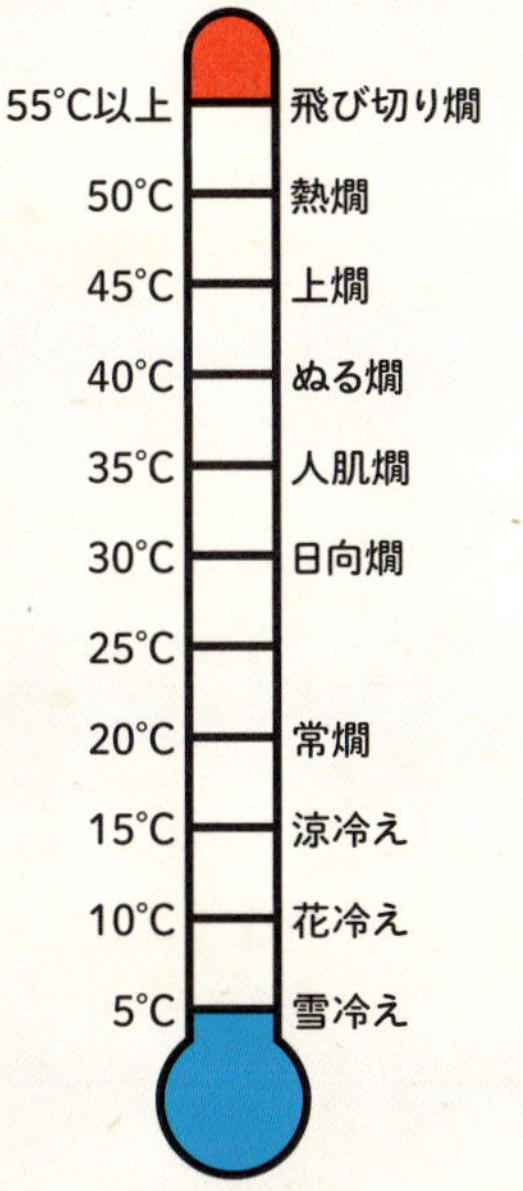

表1 温度別の日本酒の呼び名

表2『ごてんや』のメニュー例

料理	お酒の銘柄と酒類	製造年度	お燗の温度
① ホオズキと赤貝の前菜	風の森 純米大吟醸生	25BY	16°C
② マグロ燻製と生落花生のタルタル	鶴齢 純米生	23BY	47°C
③ 秋刀魚の真っ黒焼き 肝のペースト添え	宗玄 純米生	25BY	45°C
④ ラムチョップのグリル ブルーチーズのソース	天遊琳 純米	15BY	50°C
⑤ パッションフルーツのシャーバット			
⑥ シマアジとビーツのカルパッチョ	不老泉 山廃純米吟醸生	24BY	21°C
⑦ 山形牛のしゃぶしゃぶ オマール海老のソース	悦凱陣 山廃純米生	15BY	56°C→48°C
⑧ 京都産甘鯛のポワレ サフランスープ仕立て	竹鶴 きもと純米	20BY	53°C
⑨ シャウルス（白カビチーズ）	玉川 Time Machine 純米生	25BY	48°C

9種類のコース料理にそれぞれ別のお酒を、その料理とお酒に合わせた温度で、酒器も変えて提供するのが『ごでんや』のスタイル（口直しのシャーベット等を除く）。③、④、⑦、⑨が今回撮影した料理とお酒。

今回の撮影でそれぞれの料理に合わせられた日本酒。左から、『宗玄　純米 八反錦 無濾過生原酒』（石川・宗玄酒造）、『天遊琳 特別純米 熟成古酒2003』（三重・タカハシ酒造）、『悦凱陣 山廃純米酒 無濾過生 赤磐雄町』（香川・丸尾本店）、『玉川 Time Machine1712 純米無濾過生原酒』（京都・木下酒造）

五嶋慎也（ごしま・しんや）

三重県出身。
静岡県立大学在学中から日本酒に目覚めて利き酒師の資格も取得。
2011年に墨田区押上で『ごでん屋』開業。
2013年に同区京島に「ごでんや」移転オープン、
2014年12月、香港にて「GODENYA」移転オープン。

秋刀魚の真っ黒焼き 肝のペースト添え×宗玄 純米生

匠の技

燗酒に常温のお酒を少し足して、生酒のフレッシュ感を出す

「45度より高めにお燗して、出来上がったら常温の『宗玄』をちょっとだけ足します。お燗するとボリューム感と旨味は出てくるけど、やはりフレッシュ感は失われます。そこで最後に元のお酒を少し足すことでフレッシュ感を出し、きらきらした味わいにします」

あおい有紀さんの印象

「『宗玄』のお燗はさわやかだけど、柔らかくて旨味があります。それが秋刀魚の皮の香ばしさと、肝の深みのある旨味とじつによく合いますね。『宗玄』の複雑な酸味と皮と肝の旨味が、相乗効果によって何層にも味わいが広がっていく感じです」

お燗の温度：45度

料理：表面を焦がしながら中身はレアを保った塩焼きに、秋刀魚の肝のペーストをつける。
酒　：『宗玄』純米 八反錦 無濾過生原酒（石川・宗玄酒造）
八反錦を55%まで磨いた、純米吟醸クラスの無濾過生原酒。アルコール度数17～18%で、原酒らしい甘味と爽やかさを兼ね備えたバランスのいい純米酒。

匠の技

熟成酒の柔らかさを壊さぬよう、
陶器のチロリでゆっくり
温度を上げる

「10年寝かせた熟成酒ですが、寝かせば寝かすほど角がとれて、柔らかい優しい味わいになります。熟成して出てくるカラメル感とかを壊さないために、ゆっくり温度を上げたい。そのために熱伝導がよい錫のチロリではなく、じんわりと上がる陶器のチロリを使います」

あおい有紀さんの印象

「ソースはブルーチーズ独特のくせと香りがあるけど、お肉と非常に相性がいい感じ。お酒は熟成酒らしい風味がありますが、ブルーチーズ、ラムと熟成酒……。こんなにうまくひとつにまとまるんだなと驚き、感動しました」

お燗の温度：50度

料理：柔らかい子羊の肉を焼き、青カビのチーズを用いたソースをかける
酒　：天遊琳 特別純米 熟成古酒2003（三重・タカハシ酒造）
伊勢神宮に奉納する御神酒『三重の新嘗』を醸すタカハシ酒造による、純米酒を10年寝かせた熟成古酒。まろやかに練れ、お燗をすると滋味にあふれた味わいになる。

ラムチョップのグリル ブルーチーズのソース× 天遊琳 純米

山形牛のしゃぶしゃぶ
オマール海老のソース×
悦凱陣 山廃純米生

匠の技

高めにつけてから
氷水で急冷し、
角のとれた丸い味わいにする

「低めにつける熟成酒に対して、山廃は温度を高めにつけたほうがボリューム感が増して、その良さがはっきりします。ただ、温度を上げると、酸が立ってシャープになりすぎるきらいがあります。一度上げてから、氷水につけて急冷すると、角のとれた丸い味わいにすることができます」

あおい有紀さんの印象

「山廃の純米というと、どっしりとして穀物系の香り、というイメージですけど、これはトロピカルフルーツのような香りがします。そして料理は焼きナスの香りとオマール海老がお肉を引き立たせ、それらのすべてが合わさって素晴らしいハーモニーを奏でているという印象です」

お燗の温度：56度▶48度

料理：牛肉のしゃぶしゃぶに焼きナスをあしらい、オマール海老のソースをかけてオリーブオイルをちらす。
酒　：悦凱陣　山廃純米酒　無濾過生
　赤磐雄町（香川・丸尾本店）
雄町を山廃で丁寧に仕込んだ無濾過生酒。山廃純米特有の濃厚な酸味と、雄町本来の濃醇な旨味がマッチした一本。生酒だが熟成させても美味しい。

匠の技

酸が立ちすぎないよう、慎重に優しく温度を上げる

「濃厚に甘いデザート酒ですが、こうした甘口の生原酒は、55度くらいまで上げると酸が立ちすぎてしまい、甘さと酸がばらばらになってしまいます。甘さをきれいな酸で包んで余韻までつなげたいから、温度が高くならないよう優しく、慎重に上げるようにします」

あおい有紀さんの印象

「『Time Machine』はハチミツのような香りがして、甘酸っぱい。お燗をすることでその甘さと酸味がより複雑になっているような気がします。シャウルスを食べてこのお酒を含むと、チーズがとろけ、旨みが何倍にもふくらみ、口中に広がる感じ。すごくインパクトがあり、最後を飾るのにふさわしい一品です」

お燗の温度：48度

料理：シャンパーニュ地方の南にあるシャウルスという町で作られている白カビタイプのチーズ。
酒　：玉川 Time Machine1712 純米無濾過生原酒（京都・木下酒造）
古い文献により江戸時代の造り方を再現。超甘口ながら、吟醸タイプとくらべて3倍の酸、5〜7倍のアミノ酸があり、濃厚な甘さがすっと切れて残らない。日本酒版デザートワイン。

シャウルス（白カビチーズ）×玉川 Time Machine 純米生

右：サマーパーティーや生酒主体の場合は氷も用意
左：つまみも手造りのものだとより楽しい。年中パーティー用におつまみを造れば料理の腕も上がるというもの

1人1本 日本酒を持ち寄って、四季折々のパーティー 日本酒パーティーを開こう！

お店で美味しい料理とともに日本酒を飲むのもいいけど、友達同士で自宅やどこかの場所を借りて、日本酒を持ち寄ってのパーティーをするのも楽しい。

自分のおすすめのお酒を4合瓶で1本ずつ持ち寄れば、20人いたとしたら20本のお酒を飲むことができる。持ってくるお酒は、その時々でテーマを決めるのもいい。たとえば東北復興支援で東北の蔵だけにするとか、夏だったらスパーリングや夏酒だけにするなど、いろいろ考えられる。

おつまみは刺身などを買ってくるのもいいけど、やはりお手製のものならば、より手造り感覚で楽しむことができそう。

日本酒は四季折々でいろんなタイプのお酒があるので、春の花見、夏のバーベキュー、冬の鍋パーティーなど、さまざまなシチュエーションで、その時と場所に合った日本酒を持ち寄るといいだろう。

東北復興支援をテーマに東北のお酒を持って集合。幅の広い日本酒の場合、同じお酒がバッティングすることはめったにない

第6章

日本酒の世界で活躍する女性たち

美しく醸す
〜蔵の女性たち

長い間、酒造りは男の仕事、
酒蔵は「女人禁制」と言われていた。
しかし現在は、多くの女性が
杜氏や蔵人として、酒蔵で活躍している。
そんな女性杜氏・蔵元たちの交流の場として
生まれたのが『蔵女性サミット』。
妻、母、蔵元という3つの顔を持つ
女性たちにスポットを当ててみよう。

「女性が醸したお酒を女性だけで楽しむ」という『蔵女性サミット』のイベント、『美しく醸す』が2014年6月にホテル椿山荘東京にて開催、22の蔵が参加した。会場では女性たちが気兼ねなくお酒と料理を楽しみ、華やかな雰囲気に包まれた

杜氏や蔵元として蔵で働く女性たちのチャレンジ

酒蔵での仕事は、米を担いだり麹米をもんだり、重労働が多い。
そのため、昔から酒蔵は女人禁制で、
女性は蔵人の食事を作るなど後方でのお手伝いをする程度だった。
酒造りのリーダーである杜氏は、
仕込みの時期に出稼ぎにくる地方の農家の方が主流。
出身地によって南部（青森・岩手）杜氏、越後（新潟）杜氏などと呼ばれ、
江戸時代には各藩が杜氏の育成にもあたった。
そのような杜氏集団が現在まで続いているものの、
高齢化と後継者不足が深刻になっている。
また小さい蔵では、杜氏を雇うだけの余裕がなく、
家族だけで酒造りをしているところも多い。
そこで夫が蔵の代表者として営業を担当し、
妻が杜氏として酒造りを担当するという分業も主流になってきている。
実際に「杜氏」の名前の由来と言われる「刀自」は主婦を指す言葉で、
古代では酒造りは女性の仕事だったそう。
その意味では女性杜氏も不思議ではないが、妊娠、出産、
子育てをしながら重労働の酒造りも行うというのは、大変なこと。
女性杜氏はさまざまな悩みを抱えながら酒造りに励んでいるが、
そうした女性たちが悩みを語りあえるような交流の場を作ろうとして、
生まれたのが『蔵女性サミット』。
1999年、三重県・森喜酒造場の長女として蔵を継いだ
森喜るみ子さんが中心となって立ち上げた。

酒蔵に生まれた女性、とくに男子がいない場合、蔵を継ぐことを嫌って家を出てしまうケースが多い。後継者扱いされるプレッシャーや、親の苦労を見てきたとか、さまざまな理由があるだろう。

るみ子さんもその一人。薬剤師を志して大阪大学薬学部に入学、卒業後は滋賀県の製薬会社に勤務していた。ところが蔵元であった父親が脳梗塞で倒れてしまう。それで結婚相手の英樹さんともども、蔵に入って酒造りを行うことになった。

「酒造りは楽しかったですね。でも当時は日本酒は人気がなく、一生懸命造ってもどうにも

三重県・伊賀市の森喜酒造場にて。『るみ子の酒』は、『夏子の酒』の作者、尾瀬あきら氏にるみ子さんが手紙を書いたことによって生まれた

『夏子の酒』から『るみ子の酒』へ
森喜《もりき》るみ子さん
三重県・森喜酒造場

売れませんでした。どうしようと悩んでいるときに『夏子の酒』に出会ったのです」。

『夏子の酒』は、1988年から『モーニング』に連載された尾瀬あきらさん作の人気漫画。実家の造り酒屋を出て、東京の広告代理店で働いていた主人公の夏子が、病いに倒れた兄に替わって酒造りに奮闘するというストーリー。

「読んだ瞬間、『私たちへのエールだ！』と思って涙が止まらなくて。思わず尾瀬さんに手紙を送っちゃいました（笑）」

るみ子さんの酒造りへの情熱に感激した尾瀬さんは、東京の試飲会や埼玉・神亀酒造の小川原良征専務（現・社長）などを紹介する。

「試飲会で飲んだ吟醸酒はどれも素晴らしかったですね。でも神亀さんの純米酒を飲んで、『私も純米酒で勝負したい』と決意しまして」

こうして生まれた純米酒は、尾瀬さんによって『るみ子の酒』と名付けられ、ラベルのロゴとイラストも無償で尾瀬さんが書いてくれた。このお酒によって『森喜酒造場』は見事に再生を遂げる。そして「自分の経験も役立ててもらえば」と『蔵女性サミット』を立ち上げた。

次のページからは、そのメンバーで現在それぞれに素晴らしいお酒を醸している女性杜氏・蔵元たちを紹介していこう。

右：森喜酒造場では女性蔵人も活躍。『美しく醸す』の会場であい有紀さんとともに
左：日本醸造協会主催のセミナーに参加した『蔵女性サミット』のメンバー。左から柏瀬英子（若駒酒造）、森喜るみ子（森喜酒造場）、田中素子（旭鶴）、白藤暁子（白藤酒造）、川名由倫（川敬商店）さん

写真提供：蔵女性サミット

杜氏

星 里英さん

大学の授業とはまた違う実践力

福島・喜多の華酒造
[主な銘柄] 星自慢、蔵太鼓

ラーメンで有名な会津・喜多方は「蔵の町」としても知られ、十数軒の酒蔵がある。その中では大正8年（1919年）創業と新しい喜多の華酒造で、三人娘の長女として生まれた里英さん。東京農大の醸造学科で学んだものの、東京に残って酒販店でのアルバイトや試飲会などのイベントで営業活動をしていた。しかし他に後継者がいないので蔵に戻ることを決意。「農大でひと通り酒造りの勉強はしましたが、自分の家の造り方を知らなかったので。機械も古かったりして使い方がわからず（笑）、最初はとまどいましたね」。福島県が独自開発した3種類の酵母を使い、他県にはない日本酒を目指している。

杜氏

横沢裕子さん

南部杜氏発祥地の女性杜氏

岩手・月の輪酒造店
[主な銘柄] 月の輪

月の輪酒造店のある岩手県・紫波町は、日本三大杜氏のひとつ「南部杜氏」発祥の地とも言われるところ。「隣はどこどこの杜氏」という環境で育った裕子さんは、「絶対に帰ってくるものか」と決意して東京の女子大に入学したそう。しかし東京で暮らすうちに岩手の風土や伝統的な仕事が懐かしくなり、蔵に入ることに。月の輪酒造店は代々当主が杜氏を兼ねていたが、2005年（平成17年）11月の法人化を期に、父・横沢大造さんから杜氏を受け継いだ。「始めた頃は『こんなねーちゃんに酒造りができるのか』とよく言われました」とのことだが、2013年9月に長女を出産、子育てと酒造りに忙しい日々を送っている。

杜氏

浦里美智子さん

未知の世界で自ら杜氏を志願

茨城・結城酒造
［主な銘柄］結ゆい、富久福

東京からほど近い茨城県結城市は、結城紬で有名な城下町。2006年、美智子さんはここで地元消費の普通酒を中心に造っていた結城酒造に嫁いできた。「日本酒についてまったく知らなかったのですが、蔵仕事を手伝っているうちに、図々しくも自分で醸したいと思うようになりまして（笑）」と、県の研修所で酒造りを学び、2012年から杜氏となった。そして「人と人を結ぶお酒になる」との願いを込めて新銘柄の『結ゆい』とともに、普通酒から特定名称酒中心に切り替える。時には小学生の息子さんも手伝う（写真）という家内制手工業で120石ほどを醸すが、都内でも人気が高まり、試飲会なども数多くこなしている。

杜氏

町田恵美さん

飽きのこない食中酒を目指して

群馬・町田酒造店
［主な銘柄］清瞭、町田酒造

地元向けの酒を造っていた酒蔵で、3人姉妹の長女として生まれた恵美さん。東京の女子大を卒業してOLになったものの、「3人のうちお酒を飲めるのは私だけ（笑）」ということもあってか、旦那さんが婿入りする形で蔵に戻った。「越後杜氏の方にお願いしていたのですが、出稼ぎの形だったので、自分で造って自分で売ったほうが、納得いくものができるのではと思いまして」。と杜氏として試行錯誤しながら方向性を決めていった。目指す酒は「きれいで香りもほどよくて、飲みやすいお酒。飽きのこない食中酒を造りたいですね」。従来からの『清瞭』に加えて「名刺代わりに」と『町田酒造』を立ち上げ、東京にも進出を果たしている。

杜氏

千野麻里子さん

学校の先生のように お酒を指導

長野・酒千蔵野
［主な銘柄］幻舞、桂正宗

武田信玄と上杉謙信の戦いの場としてあまりに有名な川中島。その地にある酒千蔵野は、戦国時代の天文9年（1540年）創業という、長野県最古の酒蔵。一人娘の麻里子さんは東京農大卒業後に国税庁醸造試験場で研修、平成4年（1992年）に蔵に入った。「10年間の約束で杜氏修行を始めたのですが、8年目に杜氏さんが病気になられたので私が務めることになりました」。その後は古くから伝わる銘柄の『桂正宗』に加えてフルーティーな『幻舞』を造り上げ、都会の若い層や女性にも支持を広げている。「杜氏は毎日表情を変える個性あるお酒の良いところを引き出し、悪いところを直す学校の先生のようなもの」と、手抜きのない酒造りに励んでいる。

杜氏

岡崎美都里さん

3人の子育てと 酒造りを両立

長野・岡崎酒造
［主な銘柄］亀齢

3姉妹の3女として蔵に生まれた美都里さん。「姉2人は別の道に進んだんですが、私は子供の頃から家を継ぐことを考えていました」とのこと。その通り、東京農大醸造学科に進み、卒業後は酒販会社に就職して経験を積んだ。それまで岡崎酒造では飯山杜氏が酒造りを行っていたが、美都里さんが蔵に戻って間もなく、高齢のために引退を表明。後継者も見当たらなく、4年間杜氏について修行して、美都里さんが杜氏を務めることに。その後、3人の子を出産、子育てと酒造りに追われる忙しい日々を過ごす。「石高100石程度の小さな蔵ですが、東京でも販売できるようになりました。甘みのある美味しい日本酒を女性の方にも飲んでもらいたいと思います」。

女将

大塚亜希子さん

山廃で燗上がりするお酒を醸す

岐阜・大塚酒造
［主な銘柄］竹雀

平成22年(2010年)、石高20石と廃業寸前になった蔵に跡取りの清一郎さんが戻り、新しいブランドの『竹雀』を立ち上げて再建に着手。「一人で酒造りをする主人の姿を見て、少しでも力になれればと思い蔵に入りました。酒造りのことは何も知らなかったのですが、楽しくてどんどんはまっていきましたね」。清一郎さんが目指したのは、山廃(46ページ参照)造りで、木槽袋しぼり(60ページ参照)という手間のかかる製法。それだけに石高も、増えたとは言え100石程度しか造れないそうだが、手間を惜しまないのが2人のやり方。「お米の旨味を追求して、燗上がりするお酒を醸していきたいと思っています。女性の方にもお燗でほっこりして頂きたいですね」。

若女将

白藤暁子さん

発酵に興味を持ち酒蔵に嫁入り

石川・白藤酒造店
［主な銘柄］奥能登の白菊

福島に生まれ、発酵に関する微生物に興味を持ち東京農大醸造学科に入学。宮城の酒造に務めた後、大学時代の同級生だった白藤酒造店九代目の喜一さんと結婚。夫婦で酒造りを始めることになった。「主人が現在杜氏を務めていますが、この10年間は本当に山あり谷ありで(笑)」と笑うが、平成19年(2007年)の能登半島地震では酒蔵がほぼ全壊。苦労して再建を果たした。「日本固有の微生物と、日本固有の米で醸される日本酒という神秘な飲みものを、造り手だからこそ伝えられる観点で伝えられたら、と思います」と、2児の母となった現在も、喜一さんとの二人三脚で酒造りを進めている。

杜氏

辻 麻衣子さん

室町時代から続く菩提酛《ぼだいもと》で勝負

岡山・辻本店
［主な銘柄］御前酒

それまで酒造りを行っていた備中杜氏に変わり、実家の酒蔵で杜氏を務めることになった麻衣子さん。「主人は別の仕事をしていて、弟が社長で営業、私が造りという体制です」。自分たちで杜氏をしたほうが、技術も蓄えられるという判断。辻本店の特徴となっているのが“菩提酛”。伝統的な製法の“生酛”よりも古く、室町時代に奈良の正暦寺で生まれた製法。天然の乳酸菌を増殖させた水を仕込み水として使用するというものだ。「先代杜氏が古文書を見つけてきて、工夫を重ねて『御前酒』ならではの菩提酛にしました。爽やかな酸味で“大人のカルピス”と呼んでます（笑）」ということで、今や女性の人気も急上昇している。

杜氏

川石光佐さん

杜氏を選んだ3姉妹の末っ子

兵庫・灘菊酒造
［主な銘柄］灘菊

大手酒造メーカーが並ぶ神戸・灘の奥に、姫路市を中心とした播州酒と呼ばれる酒どころがある。姫路城を望む灘菊酒造の3女に生まれた光佐さんは「とにかく東京に行きたかったので（笑）」と東京農大醸造学科に進学。「姉たちは嫁に行ったりしてしまって、家業がなくなるのは忍びないな、と私が継ぐことにしました」と、平成13年（2001年）に蔵に入る。そこでやはり杜氏の高齢化と後継者不足の問題に直面し、杜氏の道を決意。「南部杜氏の方だったんですが、3年間修行させてもらって。昔気質の方だから丁寧に教えてくれるわけではなく、“盗む”という感じでしたね」。南部杜氏の資格も得て「とにかく前を向くだけ」と挑戦し続けている。

女将

榎 真理子さん

貴醸酒の美味しさを世界に発信

広島・榎酒造
［主な銘柄］華鳩、清盛

世界最大のワインコンテストであるIWC（インターナショナル ワインチャレンジ）の日本酒部門で、何度も金賞やトロフィーを受賞している『華鳩』の貴醸酒。仕込みで水のかわりに酒を使い、貴腐ワインのような味わいになる貴醸酒は、昭和48年（1973年）、醸造試験所の佐藤信博士らが開発し、榎酒造が全国で最初に商品化した。その榎酒造に生まれた真理子さんは、パリで10年以上も暮らすなど、まさに貴醸酒のイメージそのまま。「貴醸酒だけでなく、もちろん吟醸酒などもありますが、どのお酒も癒し系かな?」。現在は弟の俊宏さんが蔵元を務め、真理子さんは小売り担当として榎酒造のイメージアップに力を発揮している。

副杜氏

寺田栄里子さん

思わずはまった酒造りの魅力

島根・旭日酒造
［主な銘柄］十旭日（じゅうじあさひ）

酒蔵の長女に生まれたことが嫌で、出雲を離れたい一心で京都の大学に行き、そのまま京都で就職したという栄里子さん。「7年間、日本酒に関係ない生活をしていましたが、実家から『ちょっとだけ手伝ってほしい』と言われて蔵に入ったら、すっかり酒造りの面白さにはまってしまって」ということで、ご主人ともども蔵で働くことに。ご主人が杜氏で、栄里子さんが副杜氏として麹造りなどに励んでいる。純米系でしっかりした味わいの酒が特徴で生酛も増やしている。最近、東京でも燗酒として用意している料理店も多い。「生酛は手間がかかるし、造っていてハラハラするけど、それだけに面白いんです」と今ではどっぷりと酒造りの魅力にはまっている。

「おひとりさま」でもイベントに積極的に参加

日本酒女子の冒険

女性だけのイベント、『蔵女性サミット～美しく醸す』に参加して試飲する芦澤奈々さん（左）と羽山幸友子さん（右）

多くの女性蔵元・杜氏が一堂に会した『蔵女性サミット～美しく醸す』のイベント。一般参加者も女性のみということで、会場は華やかでにぎやかな雰囲気に。そして意外にも、友達同士ではなく一人で参加する女性も多かった。試飲会や蔵元ツアーなどのイベントでは、男性よりも女性のほうが一人で参加する率が高いよう。

会場に来ていた芦澤奈々さんと羽山幸友子さんも、そうした『おひとりさま』での参加。もちろん友達同士でいろいろなイベントに行くことも多いが、どうしても行きたい時には一人でも積極的に参加するとのこと。

「こうした蔵元さんも来るようなイベントだったら蔵元さんともいろいろお話できるし、全然寂しいとかいうことはないですね。たまたまそういう場所で知り合った人と友達になって、次回は一緒に行くということもあります」（羽山幸友子さん）。

二人とも日本酒にはまり、芦澤さんは日本酒専門の飲食店で働き、羽山さんは自分で日本酒のイベントを企画することも多いそう。一人でも友達同士でも彼とでも、こうしたイベントに参加すれば、より日本酒の楽しさに触れることができるはず。一人だからと躊躇せずに、積極的に参加してみるといいだろう。

INTERVIEW TO SAKE GIRLS

芦澤奈々さん

元々お酒を飲む雰囲気が好きで居酒屋に務めていた芦澤さん。日本酒にはまってからは、自分で日本酒に関係する仕事を探し、東京・吉祥寺にオープンすることになった日本酒居酒屋『吟の杜』にて、オープニングスタッフとなった。オーナーの中川一彦さんや他のスタッフたちとともに、毎日日本酒に関わる日々を送っている。

Q 日本酒が好きになったきっかけは?

「数年前に父親と獺祭を飲んだ時。日本酒ってこんなに美味しいものなんだって思って。それまでは日本酒って苦手意識が強かったのですが、イメージが変わりました」

Q 日本酒の魅力は?

「さまざまな温度で楽しめることと、新酒、夏酒、ひやおろし……季節ごとに楽しめるのも魅力だと思います」

Q 好きな日本酒のタイプは?

「香りと旨みの豊かなものです。最近は雄町を使ったお酒にはまってます」

Q『美しく醸す』のイベントの印象は?

「女性杜氏や蔵元さんたちが蔵で作業している様子をまとめた、オープニングの映像には胸を打たれました。いろいろな酒蔵の方や参加者の方との交流もとても楽しかったです。女性のみの参加イベントは初めてでしたが、すごく素敵なイベントでした」

東京・吉祥寺の日本酒居酒屋『吟の杜』で働く芦澤さん。『日本酒庵 吟の杜』東京都武蔵野市吉祥寺本町1-8-14 六鳴館ビル地下1階 TEL: 0422-27-5698

INTERVIEW TO SAKE GIRLS

羽山幸友子さん

フードコーディナーターとして、レストランなどにも勤務していた羽山さん。温泉旅館で飲んだ日本酒がきっかけで日本酒ファンとなり、自分でもさまざまなイベントを企画して、多くの日本酒ファンとつながりを深めている。

Q 日本酒が好きになったきっかけは?

「金沢の温泉旅館で呑んだ、日本酒飲み比べセットの『加賀鳶』と『手取川』がとても美味しくて。その後、『加賀鳶』を造っている福光屋さんが二子玉川でショップを出しているのを知り、10か月ほどアルバイトしました。日本酒そのものについて学ぶきっかけになりましたね」

Q 日本酒の魅力は?

「さまざまなジャンルの食事や食材と楽しめるところ。日本酒といえば和食ととらえがちですが、イタリアンなど洋食と合わせても美味しくいただけます」

Q 好きな日本酒のタイプは?

「酸味が少なく芳醇なタイプの日本酒と、チーズを合わせるのがお気に入り」

Q『美しく醸す』のイベントの印象は?

「女性が取り仕切る蔵元という条件のもと、ブースを回りきれないほどの蔵元さんがいらしたことに驚き。試飲をしながら蔵元さんから直接お話を伺うことができ、充実のひと時でした!」

東京・府中市の大國魂神社で行われた『武蔵の國の酒まつり2014』にて。「澤乃井酒造さんのご好意で、憧れの酒蔵法被を着てお手伝いさせて頂きました!」

自分たちで作ったお米で「僕らの酒」が飲みたい！

“僕らの酒”プロジェクト

自分たちで酒米を作り、そのお米を使ってオリジナルの酒を酒蔵で造ってもらう。そんな活動をしているグループがある。女性参加者も多いそのグループに初期から参加している大村椿さんに、1年の流れをレポートしてもらおう。

ガイド／大村椿さん
「ご当地グルメ研究家」、ライター。『僕らの酒』プロジェクトに2期目から参加している。

「アルコールくさくて、宴会でオジサンが飲んでいる酒」と日本酒を嫌っていた椿さん。そんな日本酒のイメージが大きく変わる出会いがあった。

「7、8年くらい前、出張や旅行で出会うその地方の純米酒にだんだんはまってきたんです。それでお土産に日本酒を買って帰るようになったんですけど、広島土産の『雨後の月 吟風咏月 純米大吟醸』を飲んだら、まるでバナナみたいない香りがして。日本酒のイメージががらりと変わりました」。

ちょうど小林酒造の『鳳凰美田』や新政酒造の『やまユ』など、代替わりした若い蔵元が斬新な純米酒を出す時期と重なったため、どんどん日本酒好きに。そのうち、たまたまインターネットで『僕らの酒』のサイトを見つけた。

「湘南の田んぼで自分たちでお米を作り、そのお米を使って酒蔵での酒造りにも参加するというプロジェクト。お米は日本人のルーツだし、お米やお酒がどんな流れでできていくのか見るのも、すごく面白そうだなと思って、会員になったんです。低精白（精米歩合90％）の純米酒を作るというのも魅力でした」。

2009年から始まった『僕らの酒』プロジェクトに大村さんは2期目から参加、荒れた耕地を耕すことから始めて、田植え、除草、稲刈りと経験。酒造りは最初は井上酒造、現在は『相模灘』の久保田酒造が行っている。

酒蔵は3月末から仕込みを始め、ゴールデンウィーク頃に完成。農作業も行う酒造り会員は生酒1本と酒粕をもらえ、打ち上げに無料で参加できる。残ったお酒は火入れをして一般販売もしている。

「農作業は土日中心で、行ける日に行けばいいという、ゆるい感じが気にいってます。ランチタイムに皆でちょっとお酒を飲むのが楽しみという人もいますね（笑）。女性も一人で参加している人が多く、仕事に疲れた時にリフレッシュできるので、興味ある方はぜひ参加してみてください」。

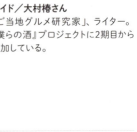

種まき、あぜ作りから農作業が始まる

「僕らの酒」プロジェクトはNPO法人「西湘をあそぶ会」が主催

上：田んぼまでは大磯駅から徒歩30分くらい。車で来るメンバーが駅から送迎もしている
下：メンバーは毎年150人前後。通常の農作業参加者は20 〜 30人程度だが、田植えの時は多くのメンバーがかけつける

左：無農薬で稲を育ているため、頻繁に除草作業をすることが必要
右：竈（かまど）で炊く昼食を楽しみに来るメンバーも。子供たちもいろいろとお手伝いをする

上：たわわに実った山田錦。静岡県で『喜久酔』の米作りを行っている松下明弘さんに毎年アドバイスをしてもらっている
下：台風の時には倒れかけた稲を起こしに来ることも。そんな苦労がようやく報われる

1. いよいよしぼったお酒を瓶詰めにする。機械を使って瓶に栓をする作業
2. ベルトコンベアーで運ばれる4合瓶。メンバーも簡単な作業は手伝う
3. メンバー限定の生酒以外の火入れもメンバーが行う
4. 最終段階のラベル貼りもメンバーの仕事
5. ついにできあがった「僕らの酒」! 精米歩合90%の純米酒

酒造りは免許がないと行えないため、神奈川県・相模原市の久保田酒造にお願いしている

蔵内での洗米作業。3月末にタンク1本分の「僕らの酒」の仕込みに入る

「僕らの酒」プロジェクト
http://seishorakuza.jp/myinaka/
https://facebook.com/bokusake

第7章

日本酒の多彩な楽しみ方

麗しき

同じお酒を飲んでも、酒器によって
その印象や味わいは変化する。
気分を盛り上げる酒器選びのコツ。

お酒の酒類によって、さまざまな素材、形の酒器を楽しむ

冷酒、燗酒、スパークリング、吟醸酒、古酒などバリエーション豊富な日本酒は、それに合わせて酒器の幅も広い。素材だけでも、陶器、漆器、磁器、錫、ガラスなど種類があり、それらの中にさらに、さまざまな形、大きさのものがある。

こうした酒器を選ぶというのも、日本酒を嗜むうえでの大きな楽しみ。どんなお酒を飲む時でもいつも同じぐい呑みというのでは、視覚的な面白さを失うばかりか、お酒の美味しさを本当に知ることができなくなってしまう。

お酒は五感で楽しむもの。お酒の色やおりの具合を見、しゅわしゅわとした泡の音を聴き、かぐわしい香りを吸い込み、酒器やお酒に触れた感触

燗酒と料理のマリアージュを楽しむ『ごでんや』（114ページ参照）の主人、五嶋慎也さんは酒器にもこだわり、料理と酒が替わるごとに酒器も替える。左の列は手前から伊賀盃、伊賀ぐい呑、伊賀ぐい呑。右は手前が井戸ぐい呑、奥はぐい呑

酒器を愛でる

を確かめ、そしてその味を舌で受け止める。これらの要素は、酒器によってずいぶんと印象が変わり、お酒を引き立てもすればダメにもしてしまう。

最近では日本酒を飲むのにワイングラスを用いることも多くなってきた。ワイングラスだと香りが内側にこもりやすく、長い時間にわたって香りを楽しめるし、口の中に入る時の舌への広がり方で、酸味を感じやすいとも言われている。

もちろんワイングラスにもさまざまなタイプがあり、それによって合う日本酒も変わってくる。たとえばスパークリング系のお酒で乾杯する時は、泡立ちがよく見えるフルートグラス、前菜に合わせて大吟醸を飲む時には豊かな香りを楽しめるボルドーグラス、食中酒として生酛系の純米酒を飲む時には大きめのブルゴーニュグラス、食後にチーズと古酒や貴醸酒を合わせる際にはこぶりのシェリーグラスと言ったように、食事の始まりから終わりまで、さまざまなワイングラスを使い分けるとより楽しめる。

お酒の色や温度によって酒器を選ぶのも大切。色の濃い古酒などはその色がわかるように透明なもの、冷たい酒を飲むときは温まりにくい磁器や脚付きのグラス、お燗の場合は保温性の高い陶器という具合。

厚さに関しては、厚いほうが保温性は高いが、薄いほうが味と香りがはっきりと感じられる。また盃のような平皿型は香りはあまり感じられないが、お酒の旨味を感じやすい。

このように酒器を変えることで、お酒をより深く楽しむことができる。さまざまな酒器をコレクションするのも、優雅に人生を彩ってくれることだろう。

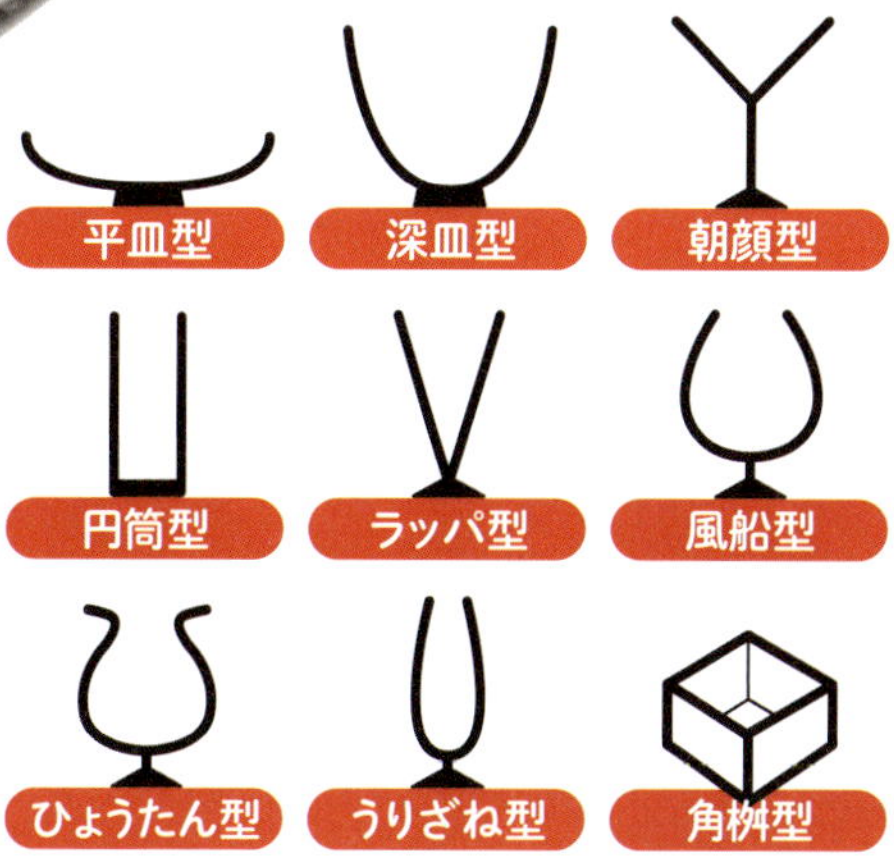

いろいろある酒器の形状

酒器にはさまざまな素材が使われるとともに、形状もいろいろ。口が開いているものは香りが拡散し、閉じているものはこもるなど、形や厚みによってもお酒の味わいが変わる。

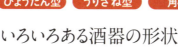

脚付きグラス

江戸硝子と九谷焼を融合させた
『清峰堂』の「九谷和グラス」。
九谷焼の脚部分はすべてのデザインを手描きし、
江戸硝子のガラス部分も
手作りの吹き硝子のみを用いており、
ひとつひとつを丁寧に手作りしている。

『清峰堂』の「九谷和グラス」
冷酒グラス
左：白粒鉄仙
中：独楽（グリーン）
右：赤絵鳥文

『清峰堂』の「九谷和グラス」馬上グラス
左：金箔彩（レッド）
右：染付ペイズリー

伝統工芸士・鍋谷聰作 冷酒杯〈菊花〉

江戸切子

江戸時代末期に江戸で始まった
カットグラス工法のガラス細工。
矢来・菊・麻の葉模様など着物にも見られる
身近な和の文様を繊細に切子をしているのも特徴。
当初は透きガラスがメインだったが、
現在では色被せガラスのものも多い。

『カガミクリスタル』のクリスタル江戸切子
左：伝統工芸士・篠崎英明作 冷酒杯
右：伝統工芸士・篠崎英明作 冷酒片口

ガラス

ガラスは見た目に涼やかで温度が上がりにくいので、冷酒に適している。それとともに色味がわかりやすいから、古酒など色の濃い酒を楽しむにもいいだろう。脚の付いているもののほうが温度は上がりにくく、逆に下の『大吟醸オー／酒テイスター』のように大ぶりで脚のないものは、手で温めれば温度の変化を楽しめる。

幕末から続く伝統工芸の江戸切子は、多くの作家が色鮮やかなものや精緻な細工のものを造っており、美術品のような趣がある。逆にシンプルな「うすはり」など、ガラス製品の選択肢は広がっている。

うすはりグラス

電球用ガラスを製造していた『松徳硝子』が、電球の球を吹いていた技術を応用して作り出した、極薄のグラス。ガラスは厚さ約1ミリメートルを切り、氷の感触まで唇や手にじかに感じられるほど。

『松徳硝子』のうすはりシリーズ
左：うすはり 大吟醸
右：うすはり 酒器揃

優美なフォルム、精緻なカットの酒器でさわやかに味わう

ワイングラス

香りが内側にこもりやすいワイングラスは、吟醸酒など香り高い日本酒を楽しむにも適している。グラスの口径の違いや、脚付き、脚なしなど形状によっても味の感じ方が変わる。

250年以上の歴史を誇るワイングラスの名門ブランド、『RIEDEL（リーデル）』の製品
左：〈ヴィノム〉キュヴェ・プレスティージュ（ヴィンテージ・シャンパーニュ）
中：〈ヴィノム〉大吟醸
右：〈リーデル・オー〉大吟醸オー（酒テイスター）

お酒の色みがわかりやすい つるつるの白い磁器

磁器

有田焼や九谷焼で有名な磁器。つるっとして透明感のある白い磁器は、お酒の微妙な色合いを楽しめる。硬いので陶器よりも薄手のものが多く、徳利にもよく使われる。唎き酒に使われる白磁製のお猪口は、蛇の目と言われる渦が内側に書かれているが、これはお酒の色味やおりの具合がよくわかるようにしたもの。

左から染付盃、染付盃、染付ぐい呑、磁気盃(『ごでんや』所有)

有田焼の三右衛門の一つといわれている『源右衛門窯』のぐい呑
左：染錦鉄線花 ぐい呑
中：赤濃菊絵 ぐい呑
右：染錦草花文 ぐい呑

錫

錫はあまり馴染みのない金属だが、奈良時代にはすでに日本に持ち込まれた。酸化や腐食に強いので、飲食器や神社の御神酒徳利などによく用いられたという。酒器としては、熱の伝導性が良いので、お酒をお燗するチロリによく用いられている。錫のもつイオンの働きによって、お酒の雑味をまろやかにする効果もあると言われている。

100年近い歴史を持つ富山県高岡市の鋳物メーカー
『能作』の酒器
左：片口 小
中：ぐい呑
右：ちろり 小

左から
1919年創業、漆器専門店『山田平安堂』の酒器
左：片口「溜」
中：ぐい呑「市松(ペア)」
右：盃「漆黒に金箔」と「本朱にプラチナ蒔絵」

漆器

木や紙に漆を塗る漆器は、縄文時代前期にはすでに装飾品として使われていたという。長い歴史を持つ工芸品。蒔絵など豪華な技法も用いられ、高級感がある。結婚式の三三九度の儀式や、お屠蘇などハレの場に、朱漆塗りの盃と急須型の銚子が用いられる。平皿型の盃で飲むと口が横に広がり、口中に酒が広がりやすい。

商品に関する問い合わせ：
伊勢丹新宿店
〒160-0022 東京都新宿区新宿3-14-1
http://isetan.mistore.jp/store/shinjuku

猪口

口の開いた盃タイプ、高さのあるぐい呑タイプなど、形によりお酒の味も変化する。

◉平皿型と円筒型の中間的な猪口。

◉口の広い平皿型の盃。飲む時に口の形が「え」になる。

陶器

陶器は鉱物を含んだ粘土を原料として、釉薬をかけて窯で1100〜1300度の温度で焼いたもの。鎌倉・室町時代あたりから美濃焼、備前焼、伊賀焼など各地で食器を中心に造られるようになった。安土桃山時代に千利休により茶道が隆盛を極め、抹茶茶碗に使用された楽焼などの陶器も発展した。

そうした食器、茶器の歴史から、酒器も造られるようになった。一般的にぐい呑みと言われる円筒型のこぶりなお猪口がその代表的な例。現在も日本各地でさまざまな作家が陶器を造っており、その価格も千差万別。自分にしっくりとくるものを選べばいいだろう。陶器は保温効果が高くて冷めにくいので、陶器のお猪口や徳利は燗酒を飲むのに適している。

◉円筒型のぐい呑。飲む時に口の形が「う」になる。

徳利

陶器は保温効果が高いので燗酒用の徳利にも適している。

チロリ

珍しい陶器製のチロリ。錫のようにすぐには温度が上がらないが、じっくりと温めることができる。

渡辺愛子さん（144ページ参照）の作品

片口

口径が広くて冷めやすい片口は、冷酒や常温の酒に用いるのが一般的。

優しき酒器を焼く女流陶芸家

前ページで紹介した『ごでんや』五嶋慎也さんが愛用する陶器の特製チロリを作ったのは、女性陶芸家の渡辺愛子さん。実家が窯業関係でもない渡辺さんはなぜ陶器に魅せられたのだろうか。酒造りとは別の形で日本酒に関わる女性の肖像。

渡辺愛子
昭和46年大阪府堺市に生まれる。平成6年から信楽の窖窯で焼成技法の勉強を始め、平成13年三重県伊賀市に窖窯を築き、独立。平成15年には、同じ伊賀市に仕事の拠点を移し、新たに窖窯を築く。平成21年に3基目、平成26年には4基目となる窖窯を築き、無釉の焼き締めを中心に作陶。

大阪・堺市に生まれ、嵯峨美術短期大学の美術学科で現代美術を学んでいた渡辺さん。それがなぜ陶芸の世界に入ったのだろうか。

「卒業後は中学校の美術講師をしながら、おもに木で立体作品を作っていたんです。その延長で立体物を土で作ってみたいと思ったんですが、産地の窯元は受け入れてくれるところがないし、陶芸教室もなんとなく合わなくて。そんな時に高校で教えてもらった美術の先生が焼物をやっていることを思い出して連絡してみたら、滋賀県の信楽でやっているから来てみればと誘われました。それで訪ねたら、信楽焼の土肌に一瞬ではまりました」

信楽焼といえば居酒屋の前にある狸の置物が有名だが、本来は中世から伝わる日本六古窯のひとつに数えられ、壺や甕などの生活雑器が作られていた。温かみのある緋色や焦げ、ビードロの味わいが特徴。

その年から信楽焼の勉強を始め、別の仕事をしながら、色々な作家の窯焚きの手伝いにも行っていた。

「奥多摩の陶芸家のところに窯焚きに行かせてもらったら、水も電気もないところだったんです。それまでは『自分で窯を持つなんてお金がかかって無理』と思っていたんですけど、その方は土地はただで借りて、薪も自分で作っていて。その陶芸家の姿勢に刺激を受け、自分も土地を求めて三重県伊賀市に見つけ、独力で窯を作ったんです」

その後『ごでんや』の五嶋慎也さんとも知り合い、渡辺さんの陶器に惹かれた五嶋さんは、猪口や徳利とともに、かねてから考えていた陶器のチロリの製作も依頼することに。

「現在、酒器は全体の3割くらいですが、小さいものにひとつの世界観を作るというのはむずかしくもあり、また面白くもありますね」

2014年には4基目となる窖窯を築き、無釉の焼き締めを中心に作陶。個展も頻繁に開催している。海外メディアにも取り上げられ、今後の活躍も期待される。

三重県伊賀市内にある窯。2001年に同市内に初めて窖窯を築き、2014年に4基目の窖窯を築いた。写真／浅井公仁（3点とも）
http://uzukumaru.tumblr.com

バーカウンターで楽しむ日本酒カクテル

銀座 SAKE HALLのオリジナルカクテル・レシピ公開！

冷やして飲む、常温で飲む、お燗で飲む…。日本酒の楽しみ方はそれだけではない。トニックウォーターで割ったり、フルーツを入れたり……。バーカウンターでいただく〝日本酒カクテル〟で、素敵な夜を演出する。

シェイカーを振る『銀座 SAKE HALL』店長の織部憲司さん。今回の日本酒カクテルをすべて作ってもらった

銀座 SAKE HALL（ギンザ サケホール）
東京都中央区銀座5-6-12 B1
TEL: 03-3572-7123

ジントニック、ドライマティーニ、ソルティードッグ…。カクテルと言えば、ジンやウオッカといったスピリッツ（蒸留酒）をベースにしたものがメイン。ワインやビールのカクテルは少なく、まして日本酒でカクテルを作るなんてことは、思いもよらなかった。

だけど常識にとらわれることはない。今やアルコール度数の高い生原酒などはオン・ザ・ロックで飲むのも普通になってきた。だったら他の酒やジュースをミックスしたカクテルがあっても不思議ではない。

そんな日本酒のカクテルに取り組んでいるのが『銀座 SAKE HALL』。オリジナルカクテルで定評のある『日比谷BAR』系列の店で、日本酒に合ったカクテルを考案している。

普通の日本酒もベースに用いるが、〝MOTOZAKE（基酒）〟というカクテル用に特別に造られた日本酒を用いるのも特徴。一ノ蔵、吉乃川、司牡丹など日本各地の蔵元が協力し、独自の基酒を提供している。

これらをベースにして、それぞれその蔵のある地域で穫れたフルーツや野菜をミックスするというのが基酒ベースの日本酒カクテルの基本。「日本の四季や地方風土を、外国人を含めて多くの人に知ってもらいたい」という思いからだ。

これらのカクテルの中には、家で簡単にできるものもある。ホームパーティーなどで友達にふるまえば、喜ばれること間違いなし。おしゃれな夜を演出する、『銀座 SAKE HALL』オリジナルの日本酒カクテルのレシピを紹介しよう。

最初の一杯にぴったり、日本酒カクテルの定番

SAKINIC
サキニック

オールシーズン、ビルド、ロング＊

＊カクテルの特徴を表した言葉。適した季節（オールシーズンなど）、技法（ビルド＝ジュースなどをグラスに入れて混ぜる、ステア＝ミキシンググラスを利用して混ぜる、など）、スタイル（ロング＝比較的長い時間をかけて飲むもの、など）

『銀座 SAKE HALL』のパーティーでは最初に供される、“ジン・トニック”のようなオーソドックスなカクテル。ベースとなる基酒によって全国各地の個性豊かなSAKEの特長が味わえる“地カクテル”のニュースタンダード。

材料

サキニック

- 基酒（もとざけ）：60ml
- ソーダ：30ml
- トニックウォーター：30ml
- オレンジピール：1片

サキニックの作り方

10オンスタンブラーに氷をたっぷり入れ、よく冷やした基酒を注ぐ。よく冷やしたソーダとトニックウォーターで満たし、軽く（バースプーンで氷を一度持ち上げる程度でOK）混ぜる。最後にオレンジピールをグラス側面でツイストして飾る。

※よく冷やした“「SAKENIC」オリジナルトニックウォーター”を使えば、「MOTOZAKE」1（60ml）に対し「SAKENIC」1（60ml）でOK。

日本酒カクテルのベースとなる基酒。左から吉乃川（新潟）、司牡丹（高知）、五橋（山口）のもの

FRESH SUIKA MIST
フレッシュ スイカ ミスト

夏、ビルド、ミスト、ロング

夏の定番! 涼をさそうミストスタイル（クラッシュドアイスをいっぱいに詰めたロックグラスに、材料を直接注いでつくるドリンク）のカクテル。ミントの葉が爽やかさを演出する。

材料

フレッシュ スイカ ミスト
- 基酒（もとざけ）：60ml
- フレッシュスイカ：適量
- シュガーシロップ：1tspまで（甘さの調整程度）
- ミントの葉（飾り）：適量

フレッシュ スイカ ミストの作り方

10オンスロックグラスにカットしたスイカと基酒、シュガーシロップを入れ、ペストル（果物の実などをつぶすための小型の棍棒のような器具）でスイカを潰す。軽く混ぜてクラッシュアイスをグラスに詰め、最後にミントの葉とストローを飾る。

① 10オンスロックグラスにスイカを入れ、基酒60mlを注ぐ。

② シュガーシロップ を1tspまで入れる。

③ スイカをペストルで潰す。

④ バースプーンで軽くステアする。

⑤ クラッシュアイスをグラスに詰める。

⑥ ミントの葉とストローを飾って出来上がり。

香り豊かな“SAKE”をムースに変えた新しいサキ・スタイル・カクテル

ORIENTAL SUN RISE
オリエンタル サンライズ

オールシーズン、エスプーマ、ビルド

スペインの料理店「エル・ブジ」で開発されたエスプーマ（食材をムースのような泡状にする料理法）とニッポンカクテルのコラボレーション。SAKEカクテルに日本酒の泡をふわっとのせるスタイルで、見た目にも“カワイイ”“美味しい”カクテル。

オリエンタル サンライズ

材料

- 基酒（もとざけ）：45ml
- オレンジジュース：45ml
- ストロベリーリキュール：1tsp
- エスプーマ（日本酒の泡）：20ml

オリエンタル サンライズの作り方

グラスに氷を入れ、基酒とジュースを注ぐ。リキュールをドロップし、層ができるように沈める。提供直前にエスプーマの泡をフロートしてサーブ。

カウンターにてお客さんの目の前で、エスプーマの泡をフロートしてサーブする

さまざまなハーブで拡がる新しい日本酒の可能性。

No.1 HERB SONIC
ナンバー1ハーブソニック

オールシーズン、ボストン、ロング

基酒にフレッシュローズマリーを加えてボストンシェイク（通常のシェイカーより3倍ほど大きいシェイカーを使ったシェイク）。日本酒の味わい深さにハーブのアクセントを加えた新感覚の美味しさ。

材料
ナンバー1 ハーブソニック
●基酒（もとざけ）：60ml ●ソーダ：30ml
●トニックウォーター：30ml ●ローズマリー：1本

ナンバー1 ハーブソニックの作り方
ボストンシェーカーに基酒とローズマリーを入れる。
氷を詰め、ティンをはめてシェークする。
ソーダとトニックウォーターを注ぎ軽くステア。

フレッシュなフローズンカクテル

GREEN VANILLA ICEBERG
グリーンバニラアイスバーグ

オールシーズン、ビルド、フローズン

電動ミルを使った、フローズンカクテル。ミントの香りがさわやか。

材料
グリーンバニラアイスバーグ
●基酒：30ml
●グリーンティーリキュール：20ml
●牛乳：40ml ●ミント：適量

グリーンバニラアイスバーグの作り方
リキュールと牛乳のフローズンカクテルをつくる。
基酒をふちに注ぐ。
ミントを飾る。

日本酒用語辞典

あ行

IWC
インターナショナル ワインチャレンジの略。イギリス・ロンドンで毎年4月に開催されるワインコンペティション。2007年から日本酒部門(Sake Category)が設けられている。

秋あがり
春先にしぼった新酒がひと夏貯蔵されて熟成し、味わいを増すこと。またはその酒。

アミノ酸度
日本酒のアミノ酸の総量を表したもの。数値が高いとコクのある濃い酒になる。

荒走り《あらばしり》
醪《もろみ》を入れた酒袋を槽《ふね》に置き、圧力をかける前に酒袋の重さだけで流れ出してきた1番最初の酒。

家付き酵母
醸造場の建物や床に付着したその醸造場特有の酵母のこと。

裏ラベル
瓶の裏側に付いているラベル。

おりがらみ
酒をしぼった後、おり引きせずにそのまま瓶詰めされた酒。「うすにごり」も同じ意味。

か行

掛け米《かけまい》
醪を造る時に仕込む蒸し米。できあがった酒母に麹と掛け米を加えて醪を造る。

燗酒《かんざけ》
酒を温めて飲むこと。温度によって、ぬる燗、熱燗などと呼ばれる。

寒造り《かんづくり》
秋に収穫した新米を用い、11月頃から3月までの寒い時期に1年分のお酒を造る方法。

生一本《きいっぽん》
単一の製造場のみで醸造した純米酒である場合表示できる。

利き酒《ききざけ》
酒の善し悪しをみる目的で、口に少量含んで味わうこと。

貴醸酒《きじょうしゅ》
仕込みの際に水ではなく、酒を用いて発酵させた日本酒。味わいは濃醇な甘口になる。

生酛《きもと》
酒母(酛)造りの方法。乳酸菌を自然に育成し、有害菌の繁殖を抑える。江戸時代に完成した伝統ある技術で、厳冬季の深夜に米をすりつぶす「山卸し」という苦しい作業を要する。

きょうかい酵母
日本醸造協会が頒布を行っている酵母で、「きょうかい○号酵母」と名付けられている。

吟醸酒
精米歩合が60%以下で、低温発酵による吟醸造りにより造られる。

蔵人《くらびと》
杜氏の指揮のもと、酒造りに従事する酒造りの職人。

蔵元《くらもと》
酒蔵のオーナーのこと。

原酒
加水によってアルコール度の調節をしないで出荷した酒。

原料米
お酒の原料となるお米のこと。

麹《こうじ》
カビの一種で、米のデンプンを糖化させる働きを持つ。日本酒にはおもに「黄麹菌」が使われる。

硬水・軟水
水に含まれている成分のカリウムやカルシウムが多ければ、硬水となり、少なければ軟水となる。

酵母
大きさ、6~7ミクロンの微生物。麹によって生じた糖分をアルコールに変える働きをする。日本醸造協会が培養、頒布する協会系酵母や自治体などが開発した開発酵母などがある。

古酒《こしゅ》
一般的には3年以上熟成させた日本酒のこと。厳密には醸造年度(7月1日~翌年6月30日)が変わるとそれ以前に造られた酒はすべて古酒となる。

さ行

酒林《さかばやし》
造り酒屋の看板で、杉の葉を丸く束ねて軒下に吊るしたもの。

雑味
不必要で邪魔になるような味わいのこと。

三段仕込み
醪を造る工程で、米、米麹、水を3回に分けて投入する方法。

酸度
酒の中に含まれる、コハク酸、乳酸、リンゴ酸など酸の含有量を示したもの。味の濃淡をみるために使われる数値。

仕込み水
酒を仕込む時に使うお水のこと。その土地の天然の伏流水などが使われる。

地酒
その土地で造られている酒のこと。

搾《しぼ》り
発酵の終わった醪を布の袋に入れ、お酒を搾り出す工程のこと。

酒造好適米
日本酒造りに用いる酒米のなかで、特に酒造に適し、酒造専用に栽培されている米のこと。大粒でタンパク質、脂質が少なく、心白が大きいといった特徴がある。代表的なものに「山田錦」「五百万石」「美山錦」「雄町」などがある。

酒母
アルコールは酵母の働きによって生成されるが、その酵母を純粋に大量 培養した粥状のもの。「酛《もと》」とも呼ばれる。

純米酒
米と米麹だけを原料とし、醸造アルコールなどを一切添加していない酒。米本来の芳醇な香りと、コクのある味わいが特徴。

純米吟醸酒
米と米麹だけを原料とし、精米歩合60%以下で吟醸造りを行った酒。

純米大吟醸酒
米と米麹だけを原料とし、精米歩合50%以下で吟醸造りを行った酒。

上槽《じょうそう》
完成した醪をしぼり、清酒と酒粕に分ける工程。

醸造アルコール
酒の香味を調整するために加えられるもの。さとうきび等を発酵、蒸留させた高純度エチルアルコールのこと。

蒸米《じょうまい》
白米に蒸気を通して蒸したもの。蒸すことでデンプンの分解を助け、その熱によって殺菌作用も働く。

新酒
その酒造年度(7月1日から翌年6月30日まで)に造られた酒。熟成が進んでいないためフレッシュな味わいが特徴。

日本酒用語辞典

心白《しんぱく》
米粒の中央に見える乳白色の部分のこと。心白は組織が柔らかく、麹菌の菌糸が入りやすい。

精米
米のタンパク質や脂肪分の多い玄米表層部を削ること。

精米歩合
白米の玄米に対する重量の割合。精米歩合60％の場合、玄米の表層部を40％削り取ることをいう。

洗米
米を洗い、付着した糠を洗い流す作業のこと。高精白になるほど吸水力が高くなるので、短時間で行わなければならない。

速醸酛
市販の乳酸を利用して酒母造りをする方法。約2週間で完成とし、手間がかからないため、現代の酒造りの主流となっている。

た行

大吟醸酒
米、米麹、醸造アルコールを原料とし、精米歩合50％以下で吟醸造りされた酒。

種麹《たねこうじ》
玄米などに麹菌の胞子を付着させたもの。

淡麗《たんれい》
味わいが淡くすっきりしていること。酒に含まれている糖分と酸がともに少なければ味は淡麗となる。

杜氏《とうじ》
酒造りにおける現場の最高責任者。

特定名称酒
日本酒が原料や製法で一定の基準を満たした時に表示できる名称。本醸造酒、純米酒、吟醸酒など。

特別純米酒
米と米麹のみを原料とし、精米歩合60％以下もしくは特別な製造方法で造られた酒。

特別本醸造酒
米と米麹、醸造アルコールを原料とし、精米歩合60％以下もしくは特別な製造方法で造られた酒。

斗瓶《とびん》取《と》り・斗瓶《とびん》囲《かこ》い
袋吊りにてしぼった最良の部分を一斗（18リットル）入りの瓶に入れたもの。

な行

中汲み（中取り）
上槽の中頃に出てくる部分のこと。

生酒《なまざけ》
貯蔵前、出荷前ともに加熱殺菌（火入れ）をしない日本酒。

生貯蔵酒
しぼりたての日本酒を加熱処理せずに貯蔵し、出荷前に一度だけ加熱処理をしたもの。

生詰《なまづめ》
しぼりたての日本酒を加熱処理後貯蔵し、出荷前には火入れしないもの。

日本酒度
日本酒の甘口、辛口をみる目安となる数値。プラスの値が高いと辛口、マイナス値が高いと甘口ということになる。

乳酸
酒母造りの工程で、培養した酵母が雑菌に侵されないようにするために使う。

濃醇《のうじゅん》
日本酒に含まれている糖分や酸がともに多ければ、味は濃醇となる。重厚で旨味のある味。

は行

火入れ
お酒を加熱して殺菌する作業のこと。通常はタンクに貯蔵する前と、出荷前と二度行われる。

ひやおろし
かつて樽詰めの際に加熱処理をせず、生のまま詰められたのが由来。夏場の熟成を経て秋口に入り生詰めされる清酒のこと。

袋吊《ふくろつ》り
醪の完成後、お酒を搾り出す工程で、槽を使わず、醪を入れた布袋を吊るして圧力をかけずに自然に落ちたお酒だけを集める方法。

普通酒
特定名称酒以外の日本酒は「普通酒扱いの酒」と呼ばれる。

槽《ふね》
醪を入れた酒袋からお酒をしぼり出す装置のこと。

ま行

本醸造酒
米、米麹、醸造アルコールを原料とし、精米歩合70％以下で造られた酒。

醪《もろみ》
酒の製造工程で、酒母、蒸し米、麹、仕込水を混ぜたもの。

や行

山廃酛
「生酛」の作業でとくに労力を要する山卸しを廃止したもの。

わ行

割り水
アルコール濃度を調整するために原酒に水を加えること。

参考文献

『贅沢時間シリーズ 日本酒事典』長谷川浩一監修（学研パブリッシング）
『ゼロから始める 日本酒と肴』山同敦子監修（KADOKAWA）
『ゼロから始める 日本酒入門』野崎洋光監修 君嶋哲至著（KADOKAWA）
『知識ゼロからの 日本酒入門』尾瀬あきら著（幻冬舎）
『日本酒完全ガイド』君嶋哲至監修（池田書店）
『日本酒15,706種』稲保幸著（誠文堂新光社）
『日本酒知識蔵――全国の酒造りが分かる――』エイムック1851（枻出版社）
『日本酒の選び方――至高の一本を手に入れる――』エイムック1933（枻出版社）
『日本酒の教科書』木村克己著（新星出版社）
『日本酒の古酒』上野伸弘著（実業之日本社）
『呑みませ、日本酒』堀越典子著（生活情報センター）
『美味サライ 日本一の日本酒』（小学館）

酒蔵・銘柄リスト

都道府県	酒蔵名	銘柄	住所	電話番号	掲載ページ
	(株)酒千蔵野	川中島 幻舞	〒381-2226 長野県長野市川中島町今井368-1	0262-84-4062	126
	(株)湯川酒造店	木曽路	〒399-6201 長野県木曽郡木祖村薮原1003-1	0264-36-2030	122
富山県	(株)枡田酒造店	満寿泉	〒931-8358 富山県富山市東岩瀬町269	0764-37-9916	22
石川県	(株)白藤酒造店	奥能登の白菊	〒928-0077 石川県輪島市鳳至町上町24	0768-22-2115	127
	宗玄酒造(株)	宗玄	〒927-1225 石川県珠洲市宝立町宗玄24-22	0768-84-1314	116
	御祖酒造(株)	遊穂	〒929-1572 石川県羽咋市大町イ−8	0767-26-2320	69
福井県	(資)加藤吉平商店	梵	〒916-0001 福井県鯖江市吉江町1-11	0778-51-1507	14
	田嶋酒造(株)	福千歳	〒918-8051 福井県福井市桃園1-3-10	0776-36-3385	122
	美川酒造場	舞美人	〒918-8131 福井県福井市小稲津町36-15	0776-41-1002	122
	吉田酒造(有)	白龍	〒910-1325 福井県吉田郡永平寺町北島7-22	0776-64-2015	122
岐阜県	(合)白木恒助商店	達磨正宗	〒501-2528 岐阜県岐阜市門屋門61	0582-29-1008	26
	(株)平田酒造場	酔翁	〒506-0845 岐阜県高山市上二之町43	0577-32-0352	26
	(有)渡辺酒造醸	白雪姫 美濃錦	〒503-0015 岐阜県大垣市林町8-1126	0584-78-2848	122
	大塚酒造(株)	竹雀	〒503-2424 岐阜県揖斐郡池田町池野422	0585-45-2057	127
愛知県	(株)萬乗醸造	醸し人九平次	〒459-8001 愛知県名古屋市緑区大高町西門田41	0526-21-2185	18
	澤田酒造(株)	白老	〒479-0818 愛知県常滑市古場町4-10	0569-35-4003	122
三重県	木屋正酒造(資)	而今	〒518-0726 三重県名張市本町314-1	0595-63-0061	10
	(合)森喜酒造場	るみ子の酒	〒518-0002 三重県伊賀市千歳41-2	0595-23-3040	122
	(株)タカハシ酒造	天遊琳	〒510-8021 三重県四日市市松寺2−15−7	0593-65-0205	117
	元坂酒造(株)	東獅子 酒屋八兵衛	〒519-2422 三重県多気郡大台町柳原346-2	0598-85-0001	122
滋賀県	笑四季酒造(株)	笑四季	〒528-0031 滋賀県甲賀市水口本町1-7-8	0748-62-0007	22、94
	(有)平井商店	浅茅生	〒520-0043 滋賀県大津市中央1-2-33	0775-22-1277	122
京都府	木下酒造(有)	玉川	〒629-3442 京都府京丹後市久美浜町甲山1512	0772-82-0071	119
奈良県	油長酒造(株)	風の森	〒639-2225 奈良県御所市中本町1160	0745-62-2047	32
	美吉野醸造(株)	花巴	〒639-3116 奈良県吉野郡吉野町六田1238-1	0746-32-3639	99
和歌山県	平和酒造(株)	紀土	〒640-1172 和歌山県海南市溝ノ口119	0734-87-0189	30、96
大阪府	秋鹿酒造(有)	秋鹿	〒563-0113 大阪府豊能郡能勢町倉垣1007	0727-37-0013	75
兵庫県	灘菊酒造(株)	灘菊	〒670-0972 兵庫県姫路市手柄1-121	0792-85-3111	72、128
	下村酒造店	奥播磨	〒671-2401 兵庫県姫路市安富町安志957	0790-66-2004	76
	山陽盃酒造(株)	播州一献	〒671-2577 兵庫県宍粟市山崎町山崎28	0790-62-1010	73
岡山県	(株)辻本店	御前酒	〒717-0013 岡山県真庭市勝山116	0867-44-3155	128
広島県	榎酒造(株)	華鶴 清盛	〒737-1205 広島県呉市音戸南隠渡2-1-15	0823-52-1234	22、129
	竹鶴酒造(株)	竹鶴	〒725-0022 広島県竹原市本町3-10-29	0846-22-2021	77
鳥取県	梅津酒造(有)	梅津	〒689-2223 鳥取県東伯郡北栄町大谷1350	0858-37-2008	77
島根県	一宮酒造(有)	石見銀山	〒694-0064 島根県大田市大田町大田ハ271-2	0854-82-0057	65
	旭日酒造(株)	十旭日	〒693-0001 島根県出雲市今市町662	0853-21-0039	129
	一宮酒造(有)	石見銀山	〒694-0064 島根県大田市大田町大田ハ−271−2	0854-82-0057	68
山口県	旭酒造(株)	獺祭	〒742-0422 山口県岩国市周東町獺越21674	0827-86-0120	14
	酒井酒造(株)	五橋	〒740-0027 山口県岩国市中津町1-1-31	0827-21-2177	14
	(株)永山本家酒造場	貴	〒759-0133 山口県宇部市大字車地138	0836-62-0088	18
	(株)澄川酒造場	東洋美人	〒759-3203 山口県萩市大字小川611	0838-74-0001	18
香川県	川鶴酒造(株)	川鶴	〒768-0022 香川県観音寺市本大町836	0875-25-0001	30
	(有)丸尾本店	悦凱陣	〒766-0004 香川県仲多度郡琴平町榎井93	0877-75-2045	118
佐賀県	天吹酒造(合)	天吹	〒849-0113 佐賀県三養基郡みやき町東尾2894	0942-89-2001	10

都道府県	酒蔵名	銘柄	住所	電話番号	掲載ページ
青森県	八戸酒造(株)	陸奥八仙	〒031-0812 青森県八戸市湊町本町9	0178-33-1171	14、97
	(株)西田酒造店	田酒	〒038-0059 青森県青森市油川大浜46	0177-88-0007	38
秋田県	新政酒造(株)	新政	〒010-0921 秋田県秋田市大町6-2-35	0188-23-6407	32、89
	金紋秋田酒造(株)	山吹	〒014-1412 秋田県大仙市藤木西八圭34-2	0187-65-3560	10
岩手県	(有)月の輪酒造店	月の輪	〒028-3303 岩手県紫波郡高水寺向畑101	0196-72-1133	124
	(合)川村酒造店	酔右衛門	〒028-3101 岩手県花巻市石鳥谷町好地 12-132	0198-45-2226	42
宮城県	萩野酒造(株)	日輪田、萩の鶴	〒989-4806 宮城県栗原市金成有壁新町52	0228-44-2214	30、100
	勝山企業(株)	勝山	〒981-3225 宮城県仙台市泉区福岡二又25-1	0223-48-2611	22
	(株)佐浦	浦霞	〒985-0052 宮城県塩竈市本町2-19	0223-62-4165	22
	(株)一ノ蔵	一ノ蔵	〒987-1393 宮城県大崎市松山千石大欅14	0229-55-3322	22
	(合)川敬商店	黄金澤	〒989-4206 宮城県遠田郡美里町二郷字高玉六号7	0229-58-0333	122
山形県	亀の井酒造(株)	くどき上手	〒997-0103 山形県鶴岡市羽黒町戸野字福ノ内1	0235-62-2307	10
	高木酒造(株)	十四代	〒995-0208 山形県村山市富並1826	0237-57-2131	10
	出羽桜酒造(株)	出羽桜	〒994-0044 山形県天童市一日町1-4-6	0236-53-5121	10
	楯の川酒造(株)	楯野川	〒999-6724 山形県酒田市山楯字清水田27番地	0234-52-2323	71
福島県	宮泉銘醸(株)	寫楽	〒965-0872 福島県会津若松市東栄町8-7	0242-27-0031	30、98
	(合)喜多の華酒造場	喜多の華	〒966-0862 福島県喜多方市前田4924	0241-22-0268	124
	夢心酒造(株)	奈良萬	〒966-0072 福島県喜多方市字北町2932	0241-22-1266	65
	会津酒造(株)	山の井	〒965-0006 福島県南会津郡南会津町永田字穴沢603	0241-62-0012	67
	豊国酒造(合)	一歩己	〒963-8305 福島県石川郡古殿町竹貫114	0247-53-2001	71
栃木県	小林酒造(株)	鳳凰美田	〒323-0061 栃木県小山市大字卒島743-1	0285-37-0005	10、82
	若駒酒造(株)	若駒	〒323-0008 栃木県小山市小薬169-1	0285-37-0429	84
	第一酒造(株)	開華	〒327-0031 栃木県佐野市田島町488番地	0283-22-0001	86
	(株)せんきん	仙禽	〒329-1321 栃木県さくら市馬場106	0286-81-0011	32、92
群馬県	永井酒造(株)	水芭蕉	〒378-0115 群馬県利根郡川場村門前713	0278-52-2311	14
	清水屋酒造(株)	栄万寿	〒374-0068 群馬県館林市台宿町3-10	0267-74-0269	30
	(株)町田酒造店	清瞭	〒379-2122 群馬県前橋市駒形町65	0272-66-0052	125
茨城県	結城酒造(株)	結 富久福	〒307-0001 茨城県結城市結城1589	0296-33-3344	72、125
	木内酒造(合)	菊盛	〒311-0133 茨城県那珂市鴻巣1257	0292-98-0105	122
埼玉県	南陽醸造(株)	花陽浴	〒348-0041 埼玉県羽生市大字上新郷5951	0485-61-0178	38
	神亀酒造(株)	神亀	〒349-0114 埼玉県蓮田市馬込3-74	0487-68-0115	78
東京都	田村酒造場	嘉泉	〒197-0011 東京都福生市福生626	0425-51-0003	122
千葉県	木戸泉酒造(株)	木戸泉	〒298-0004 千葉県いすみ市大原7635-1	0470-62-0013	26
	(株)旭鶴	旭鶴	〒285-0804 千葉県佐倉市馬渡918	0434-98-0002	122
神奈川県	泉橋酒造(株)	いづみ橋	〒243-0435 神奈川県海老名市下今泉5-5-1	0462-31-1338	50
	中沢酒造(株)	亮	〒258-0003 神奈川県足柄上郡松田町松田惣領1875	0465-82-0024	70
山梨県	山梨銘醸(株)	七賢	〒408-0312 山梨県北杜市白州町台ヶ原2283	0551-35-2236	122
静岡県	國香酒造(株)	國香	〒437-0001 静岡県袋井市山田537	0538-48-6405	68
新潟県	八海醸造(株)	八海山	〒949-7112 新潟県南魚沼市長森1051	0257-75-3121	14
	(名)渡辺酒造店	Nechi	〒949-0536 新潟県糸魚川市根小屋1197-1	0255-58-2006	18
	吉乃川(株)	吉乃川	〒940-1105 新潟県長岡市摂田屋4丁目8番12号	0258-35-3000	146
長野県	麗人酒造(株)	麗人	〒392-0004 長野県諏訪市諏訪2-9-21	0266-52-3121	26
	高沢酒造(株)	米川 豊賀	〒381-0204 長野県上高井郡小布施町大字飯田776	0262-47-2114	122
	岡崎酒造(株)	亀齢	〒386-0012 長野県上田市中央4-7-33	0268-22-0149	126

監修者紹介

あおい有紀

Yuki Aoi

フリーアナウンサー、和酒コーディネーター
兵庫県神戸市出身。
航空会社勤務を経てフリーアナウンサーに。
報道、スポーツ、情報番組のキャスター、レポーターなどを経て、
フジテレビ「とくダネ！」内の、生CMパーソナリティを務める。
一方、食やお酒に関心を持ち、一級フードアナリスト、
きき酒師、焼酎きき酒師、日本箸教育講師などの資格を習得。
食・日本文化を通じた地域活性にも力を入れており、
特に日本酒の魅力を伝えたいと、コラム執筆、TV・ラジオでの日本酒解説、
雑誌での日本酒監修、和文化×日本酒のコラボイベント「SAKE日和♪」はじめ、
数多くのイベントや酒蔵ツアーを企画・主催。
他、セミナー、講演、トークショーなど幅広く活動中。
観光庁　官民協働した魅力ある観光地の再建・強化事業にて、
酒蔵ツーリズム目利き役（平成25年度）
日本酒造青年協議会　酒サムライ　叙任

編者紹介

飯田達哉

Tatsuya Iida

1956年生まれ。
スキージャーナル株式会社にて
スポーツ専門誌の編集長を務めた後、
2005年に独立して「オフィス・トライアイ」を主宰。
おもに趣味・実用図書の執筆・編集に携わっている。
近著に『三師匠 落語訪ねて江戸散歩』ほか
https://www.facebook.com/office.tryi

監修
あおい有紀
編者
飯田達哉
撮影
三ツ谷光久
藤田能成、飯田達哉

和の酒でほんのり桜色
日本酒日和

平成26年12月20日　第1刷発行

発行者　大田川茂樹

発行所　株式会社 舵社
〒105-0013
東京都港区浜松町1-2-17
ストークベル浜松町
電話（03）3434-5181
企　画　木村 修
装　丁　木村 修
印　刷　株式会社 大丸グラフィックス
○定価はカバーに表示してあります

ISBN978-4-8072-1136-4